イラストで学ぶ
バイオメカニクスの基本

姿勢と運動の力学がやさしくわかる本

江原 義弘【監修】勝平 純司・山本 敬三【著】

ナツメ社

はじめに

本書は、バイオメカニクスの基本を入門者にも無理なく理解できるように編集された本です。

バイオメカニクスとは、姿勢の調整や身体の運動について、力学の観点で研究する学問のことです。

力学とは、物体にはたらく力とそれによって生じる運動を調べる学問のことです。中学理科、高校物理で習う「慣性の法則」「作用・反作用の法則」「てこの原理」などは力学の法則です。
最先端のバイオメカニクスの研究も、中学理科や高校物理で習った力学がベースになっています。

バイオメカニクスは、医療・介護関係者をはじめ、スポーツトレーナー、アスリートなどに必須の知識なのですが、数学や物理に苦手意識があるためか、敬遠されている方が結構いらっしゃいます。

力学はいくつもの知識を積み重ねていくことが必要で、新しい知識を学ぶたびに新しい数式やグラフが出てきます。知識を積み重ねていくうちに、理解できないところが出てきて挫折してしまった、という声をよく聞きます。

そこで、最も身近な人間の身体を例に、感覚的に力学を「理解する」本ができないか、ということで企画・編集されたのがこの本です。

本書では数式による説明をできるだけ避け、身近な例を使って、力学の法則、バイオメカニクスの基本となる知識をイラストや図を使って視覚的にわかるように解説しています。

「力のつり合いと作用・反作用の法則の違いがわからない」とか
「速度と加速度の違いがわからない」といった方でも大丈夫です。
バイオメカニクスには、「合成重心」「床反力とCOP」「関節モーメント」などしっかりと覚えておくべき最重要知識がありますが、そういった方でもそれらがどういう意味なのか感覚的に理解できるはずです。

本書を読んでくださったみなさんが、各方面で自分の可能性を広げて活躍してくださることを心より願っています。

著者

Contents

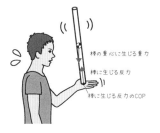

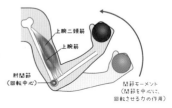

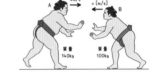

●**参考文献**(順不同)

『基礎バイオメカニクス』(山本澄子・石井慎一郎・江原義弘著／医歯薬出版)
『介助にいかすバイオメカニクス』(勝平純司・江原義弘ほか著／医学書院)
『コメディカルのための専門基礎分野テキスト 運動学』(丸山仁司 編集／中外医学社)
『身体運動の機能解剖』(トンプソン、フロイド著／医道の日本社)
『動作分析 臨床活用講座』(石井慎一郎編著／メジカルビュー社)
『バイオメカニクスで読み解く スポーツ動作の科学』(深代千之ほか著／東京大学出版会)
『骨・関節・筋肉の構造と動作のしくみ』(深代千之 監修／ナツメ社)
『目で見る動きの解剖学』(ロルフ・ヴィルヘード著／大修館書店)
『スポーツ動作と身体のしくみ』(長谷川裕著／ナツメ社)
『姿勢の教科書』(竹井仁著／ナツメ社)
『新しい高校物理の教科書』(山本明利・左巻健男編著／講談社)
『発展コラム式 中学理科の教科書 物理・化学編』(滝川洋二編／講談社)

PART 1

力と重心

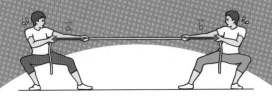

keyword

重力	ベクトル量
重さ	スカラー量
質量	力の合成
バイオメカニクス	力の分解
力の単位：N（ニュートン）	力の作用点
重心	力の作用線
重心線	力のつり合い
合成重心	合力
質量比率	作用・反作用の法則
	床反力

地球

150kg

30kg

重さと質量

重力とは?

身体の運動や姿勢のしくみを調べるには、身体にどのような**力**がはたらいているかを調べる必要があります。

力がはたらくことによって、身体の運動や姿勢が変化するからです。

身体にはたらく力のうち、どんな人にもはたらく力といえば**重力**です。

地球上のあらゆる物体は、地球の中心に向かって引っ張られています。

地球が物体を引っ張る力が**重力**です。（図1-1）

どんな運動をしていても、どんな姿勢をとっていても身体には必ず重力がはたらいています。地面に立って静止している人にも重力がはたらいています。

「力がはたらいていないから静止している」、ということではありません。

この重力とつり合う別の力が身体にはたらいているため、静止しているだけです。身体の運動や姿勢を調べるときに重力を無視することはできません。

図1-1 重力は地球の中心に向かって物体を引っ張る力

 地球が物体を引っ張る力が重力だ。

地球の中心

重さとは？　質量とは？

「月での体重は地球での体重の6分の1になる」という話を聞いたことがある
でしょう。実際、アポロ宇宙船で月に行った宇宙飛行士たちは、体重が軽くな
って月面をぴょんぴょんと跳ねながら移動しています（Youtubeなどの動画
で見ることができます）。

地上にある物体には**重さ**があります。
重さとは、地球や月が物体を引っ張る**重力の大きさ**のことです。
150kgのお相撲さんと30kgの子どもだったら、お相撲さんは子どもの5倍の
力で地球に引っ張られている、ということです。(図1-2)

月での重さが小さくなるのは、地球が物体を引っ張る力よりも月が引っ張る力
のほうが小さいからです。でも、お相撲さんは子どもの5倍の力で月に引っ張
られていることには変わりはありません。(図1-3)

お相撲さんや子どもの重さは**質量**の大きさによって決まります。

「質量と重さって同じでは？」と思っている人は注意してください。
重さと質量は違うものです。

質量は、物体に備わっている量を表すもので、**「動かしにくさの元になってい
る量」**です。

もう少しわかりやすくこのお相撲さんと子どもの例で説明しましょう。

図1-2 重さとは地球が物体を引っ張る力の大きさのこと

 お相撲さんのほうが子どもの５倍強く地球に引っ張られているということ。

図1-3 月での重さは地球の6分の1に

 月での重さは小さくなるけど、お相撲さんと子どもの重さの比率は変わらない。

「動かしにくさの元になっている」とは？

先ほどのお相撲さんと子どもを重力のないところ、たとえば、宇宙に連れていったとしましょう。

お相撲さんにも子どもにも重力がはたらかないので重さはゼロです。

重さがゼロだから簡単に動かせそうですが、そんなことはありません。

2人を同じ力で押すと、子どものほうはすーっと速く動きますが、お相撲さんはゆっくりと動きます。（図1-4）

子どもと同じ速さでお相撲さんを動かそうとすると、子どもに加えた力よりも大きな力が必要になります。

つまり、「お相撲さんのほうが子どもよりも動かしにくい」といえます。

これはお相撲さんのほうが子どもよりも質量が大きいためです。

質量のある物体は重力によって引っ張られ、質量が大きくなるほど引っ張られる力は大きくなります。

図1-4 お相撲さんのほうが質量が大きいので動かしにくい

 重力のないところではお相撲さんも子どもも重さはゼロ。
どちらもカンタンに動かすことができそうだが……。

重力がないところでは
重さはゼロ

 お相撲さんを動かすのは簡単ではないけど、子どもは同じ力でスーッと動かせる。これはお相撲さんのほうが質量が大きいからだ。

お相撲さんを
動かすのは
たいへん

子どもは同じ力で
スーッと
動かせる

力の大きさを表す

力を表す単位は?

物体にはたらく力とそれによって生じる運動のことを調べる学問を**力学**といいます。そして、姿勢の調整や身体の運動について力学の観点から研究する学問を**バイオメカニクス**といいます。

バイオメカニクスでは身体にはたらく、さまざまな力を調べます。力がもたらす現象を調べるには、力を量として扱う必要があります。
力を量として扱うには、**単位**を使う必要があります。単位は、量を表す基準となるものです。

力の大きさは**ニュートン**（記号で書くと**N**）という単位で表します。
10kgの物体にはたらく重力の大きさが約**100ニュートン**（**100N**）です（正確には98N）。60kgの人にはたらく重力の大きさは約600ニュートンです。（図2-1）

ニュートンは、重力の大きさだけでなく、ジャンプの際に地面から受ける力の大きさだったり、ボールを蹴るときにボールに加える力の大きさだったり、あらゆる場面で出てくる単位です。
詳しくはPART3「4 運動の法則」（P96）で説明します。

図2-1 力の大きさを表す単位「ニュートン」

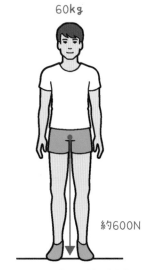

60kg

10kg

約100N

約600N

10kgの物体にはたらく重力の大きさ
約100ニュートン（100N）

60kgの人にはたらく重力の大きさ
約600ニュートン（600N）

単位「ニュートン」は、重力だけでなく、あらゆる力の大きさを表す際に使われる。

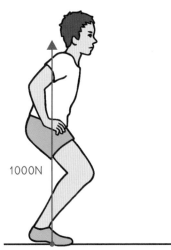

1000N

250N

ジャンプの際に地面から受ける力の大きさ

ボールを蹴るときにボールに加える力の大きさ

*本書では「0.1kgの物体にかかる重力の大きさ＝1N」として説明します。

重心

質量が1か所に集まったと見なす

物体には質量がある、といいましたが、その質量の中心にある点を**重心**といいます。

質量の中心？ それってどこ？ と思われるでしょう。

これは「物体の質量が1か所に集まったと見なす」ことによってできる点のことです。(図3-1)
したがって、重心は物体の重さの中心ともいえます。

物体の重心にはたらく重力の大きさを物体の重さとして、物体の運動を調べることができます。

図3-1　質量が1か所に集まったと見なす

鉄球の質量といったら、鉄球まるごとの質量のことだが、「その質量が1か所に集まったと見なす」ことでできる点が重心だ。

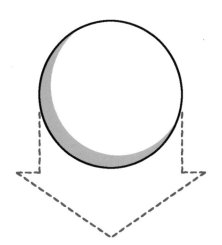

鉄球に生じる重力は鉄球全体に生じる。

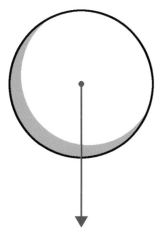

質量が1点に集まったところに重力が生じる、つまり、「物体の重心に重力が生じる」と見なす。

重心で物体の運動を調べる

物体の運動が複雑でも、その物体の重心の運動は単純な場合があります。

たとえば、ハンマーを放り投げたときの運動を考えてみましょう。

図3-2にあるように、回転しながら複雑な運動をしているように見えます。

ハンマーの重心は柄の上部にあるのですが、その重心の軌跡を見てみると、きれいな**放物線**になっていることがわかります。

ハンマーと同じ質量のボールを同じ力で同じ向きに投げたら、そのボールの重心は同じ放物線を描きます。

図3-2 ハンマーを放り投げたときの軌跡

 とても複雑な運動をしているように見える。

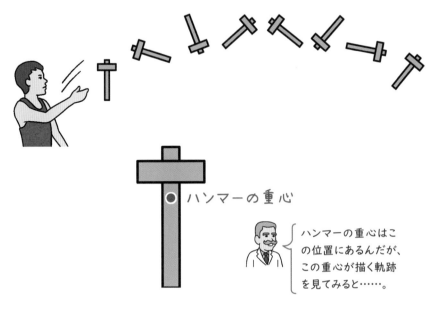

ハンマーの重心

 ハンマーの重心はこの位置にあるんだが、この重心が描く軌跡を見てみると……。

 きれいな放物線を描いているのがわかる。
一見複雑な運動でも重心の運動は単純な場合がある。

重心が描く軌道

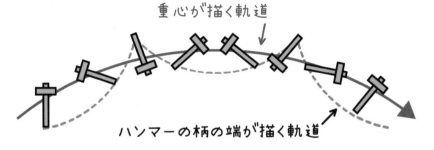

ハンマーの柄の端が描く軌道

人間の身体にも重心がある

人間の身体にももちろん重心があります。

でも、ハンマーと違って身体はいろんな形（姿勢）に変化するため、重心の位置もその形（姿勢）によって変化します。

（図3-3）

例えば、人がまっすぐ立っているときの重心は、お腹の中の正面から見ておヘソの少し下に位置しています。

両腕を真上に伸ばせば重心の位置は上がります。

ちょっと補足 重心の位置を知るには?

物体の重心の位置はこんな方法で知ることができます。

物体にヒモを取り付けてぶら下げると、重心は必ずヒモの真下にあります。重心から地球の中心に向かう仮想の直線を重心線といいますが、このヒモは重心線と同一の直線上にあります。したがって、重心とヒモを結ぶ垂線を2か所について調べれば、垂線の交点として重心を求めることができます。

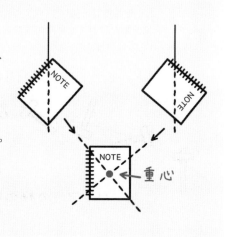

図3-3 身体の重心の位置

身体の重心の位置は姿勢によって変わる。

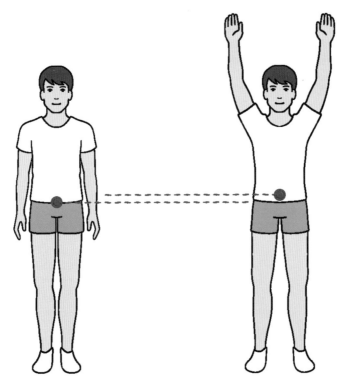

まっすぐ立っているときはお腹の
中の正面から見ておヘソの少し下。

両腕を真上に伸ばせば重心の
位置は上がる。

身体の重心

重心の位置を合成する

物体の運動を調べるには、物体の重心がどこにあるのかを知る必要があります。

でも、人間の身体のように物体の形が複雑に変化する場合は重心の位置も動いてしまいます。

そんなときは、形が複雑な物体がいくつもの部分からできていると考えます。それぞれの部分の重心の位置を調べて、すべての部分を合成すれば全体としての重心を知ることができるのです。

身体のそれぞれの部分のことを体節とかセグメントといい、セグメントそれぞれの重心を合成して求めた重心のことを合成重心といいます。

身体の場合は、身体をいくつもの部分に分けて、それぞれの部分の重心を合成していくと身体全体の重心の位置を知ることができます。(図4-1)

図4-1 身体全体の重心がどこにあるか

重心の位置は ◓ で表す。
身体全体の重心は次のように調べる。

①身体をいくつもの部分に分けてそれぞれの重心がどこにあるかを調べる。

②これらの重心をすべて合成することで身体全体の重心の位置がわかる。

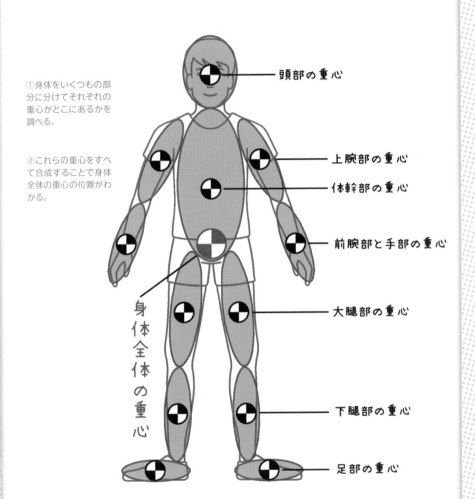

頭部の重心

上腕部の重心

体幹部の重心

前腕部と手部の重心

大腿部の重心

下腿部の重心

足部の重心

身体全体の重心

身体全体の重心の位置

人間が直立して立っているときの重心は、正面から見ておへソの少し下あたりといいました。

合成重心の計算を使って正確に求めると、立位姿勢の場合、重心の高さは、体格などによる違いがありますが、足底から身長のおよそ**55～56%**のところにあることがわかっています。第2仙骨がその高さにあります。(図4-2)

前項では、頭部、上腕部、前腕部、体幹部…といったセグメントで分けて説明しましたが、体幹部を胸部と腹部と骨盤部、というように、さらに細かいセグメントに分けることができます。

セグメントをより細かく分けると、より正確な合成重心を求めることができます。(図4-3)

なお、各セグメントの質量が全質量に占める割合のことをセグメントの**質量比率**といいます。各セグメントの質量比率は実測によって求められており、たとえば、男性の体幹(四肢を除く)の質量比率は約0.48(全質量の48%を占める)ということがわかっています。
また、各セグメントの重心の位置も実測によって求められています。

このデータを使えば、どんな姿勢になっていても重心の位置を計算することができます(セグメントの質量比率の求め方→P46)。

図4-2 身体重心の正確な位置

 合成重心の計算を使って正確に求めると、身体重心の高さは足底から身長のおよそ55~56%のところにあることがわかっている。

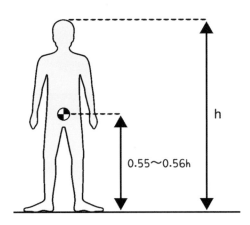

h

0.55〜0.56h

図4-3 細かいセグメントに分ける

 セグメントを細かく分けると、より正確な合成重心を求めることができる。

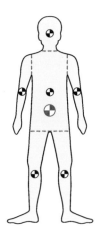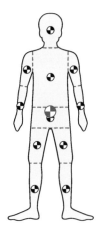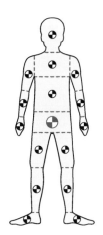

25

ベクトル量と
スカラー量

ベクトル量とは？

P17にある鉄球の重心に生じる重力の図を見てください。重力を矢印で表しています。また、矢印の根元の位置が重心の位置になっています。

このように力を表すとき、

力の大きさ

力のはたらく向き

力の作用する点（場所）

の3つを表す必要があります。

このように、大きさと向きを持つ量のことを**ベクトル（ベクトル量）**といいます。物理的な量だと速度や加速度といった量もベクトルになります。

例えば、力のベクトル量を図にするときは、

矢印の長さによって力の大きさ、

矢印の方向によって力の向き、

矢印の根元の点によって力の作用する点

を表すことになっています。

なお、矢印の太さには意味はありません。

図5-1 力のベクトルの描き方

矢印の長さが力の大きさを表し、矢印の向きが力がはたらく方向を、根元の点が力の作用する点を表している。

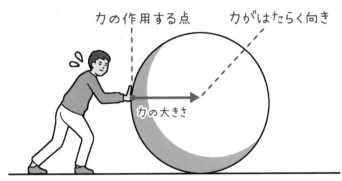

力の作用する点 　 力がはたらく向き

力の大きさ

たとえば、100Nの力を示す矢印の長さを決めておき、200Nだったらその2倍の長さというように、力の大きさに比例する長さを描く。

100N

200N

スカラー量とは？

一方、大きさはあるけれど方向を持たない量というのもあります。たとえば、長さ、質量、温度といったものです。

このような量は**スカラー**（あるいは**スカラー量**）と呼ばれています。

また、ある物体が運動している場合、**速度**はベクトルなので、

図で描くときは矢印で大きさと方向を示します。

しかし、方向には関係なく、速度の大きさのみを考えればいい場合があります。

速度の大きさは**速さ**といいます。

つまり、速度はベクトル量、速さはスカラー量です。

ベクトル量の記号での表し方

ベクトル量を記号で表すときは、太字の斜字（イタリック）を使ったり、記号の上に矢印を乗せて表します。

たとえば、速度や速さは記号 v で表されるのですが、

速度を表すときは $\vec{v}$ とか **v** と表します。

速さを表すときは、v=30km/h となります。

ちょっと補足　ベクトルとスカラーの呼称

一般的に物理量であることを強調するときは、「スカラー量」「ベクトル量」という言い方をします。特に強調する必要がない場合は「スカラー」「ベクトル」という言い方をします。

図5-2 ベクトル量の例

速度　　　　加速度　　　　力

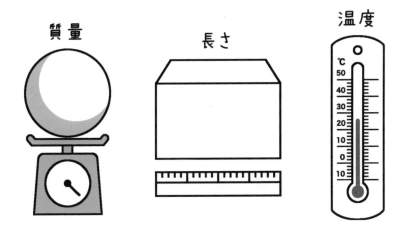

図5-3 スカラー量の例

質量　　　　長さ　　　　温度

ベクトルの計算 合成と分解

ベクトルの合成① ベクトルが同じ作用線上にある場合

身体の運動や姿勢の制御において、身体にどんな力がはたらくかを調べるとき、**ベクトルの計算**をすることがよくあります。

大きさしかないスカラーの計算は、お金や質量の計算のように、単純に量を足したり引いたりします。

しかし、ベクトルの計算では方向を考える必要があります。
そこで**ベクトルの合成や分解**という方法を使います。

右ページの図を見てください。AくんとBくんが車を動かしています。2人の力のベクトルを合成してみましょう。（図6-1）
力を加えている点を**力の作用点**といい、ベクトルの矢印と重なった直線のことを**力の作用線**といいます。AくんとBくんの力の作用線は同じ直線上にあるとします。
力のベクトルは作用線上で移動させることができて、移動しても同一のものとみなすことができます。
ベクトルの長さを足し合わせて1本のベクトルにします。

図6-1 力の作用点と力の作用線

 AくんとBくんが同じ作用線上で物体（車）に力を加えている。この場合のAくんとBくんの力を合成してみよう。

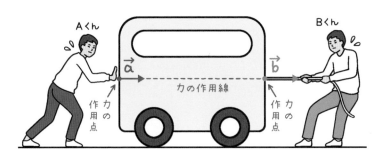

力の作用点 ベクトルの根元の点。

力の作用線 ベクトルの矢印と重なった直線。

図6-2 同じ作用線上にあるベクトルの合成

① ①2つのベクトルの長さを足し合わせる

② ②①の長さで1本のベクトルにする

 それぞれのベクトルの長さを足し合わせるだけ！

ベクトルの合成② ベクトルが同じ作用線上にない場合

同じ作用線上にあるベクトルは、それぞれのベクトルの長さを足し合わせることで合成できました。

次に同じ作用線上にない2つの力の合成をやってみましょう。

AくんとBくんが荷物を動かしています。（図6-3）

ベクトルaとベクトルbの作用線を見ると同一作用線上にはないことがわかります。

この2人が荷物に加えている力のベクトルを合成してみます。

まず、それぞれのベクトルの作用線を引きます。（図6-3①）

次にベクトルを移動して2つのベクトルの始点を一致させます。（②）

そしてこれらのベクトルを2辺とする平行四辺形を描きます。（③）

その平行四辺形の対角線を引くと、合成された$\vec{a}+\vec{b}$というベクトルになります。（④）

2つのベクトル合成では、

始点を一致させてベクトルを2辺とする平行四辺形の対角線を引く、と覚えておきましょう。

3つ以上のベクトルを合成する場合は、2つのベクトルの合成を繰り返すことで、ベクトルを合成することができます。

図6-3 同じ作用線上にないベクトルの合成

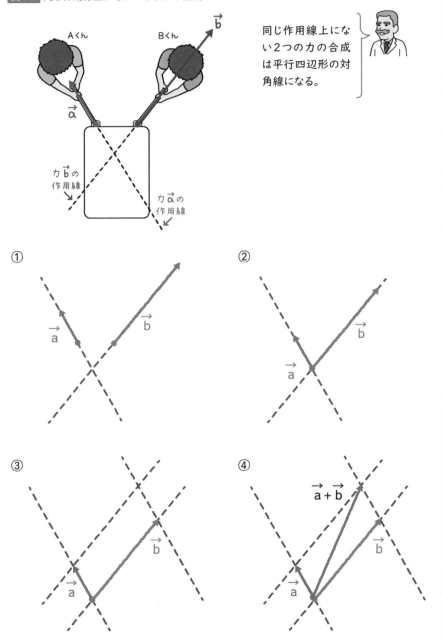

同じ作用線上にない2つの力の合成は平行四辺形の対角線になる。

A くん

B くん

$\vec{b}$

$\vec{a}$

カ $\vec{b}$ の作用線

カ $\vec{a}$ の作用線

① $\vec{a}$ $\vec{b}$

② $\vec{a}$ $\vec{b}$

③ $\vec{a}$ $\vec{b}$

④ $\vec{a}+\vec{b}$ $\vec{a}$ $\vec{b}$

ベクトルの分解

次にベクトルの分解です。

右図はAくんがサッカーボールを蹴っているところです。（図6-4）
足がボールに当たった瞬間にボールに加えられた力$\vec{a}$を分解してみましょう。

ベクトルの分解では、元のベクトルを対角線とする長方形を作り、その長方形の2辺が分解されたベクトルとなります。

まず、力の作用点を始点にしてベクトルを上方向と前方向に作用線を引きます。（図6-4①）

次にその作用線を2辺とする長方形を描きます。（②）

分解した作用線上に長方形の1辺になるようにベクトル$\vec{b}$と$\vec{c}$を描きます。これが分解されたベクトルになります。（③）

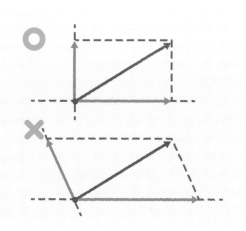

ちょっと補足

バイオメカニクスでは長方形で分解

右図のように元ベクトルを対角線とする平行四辺形で分解することもできます。しかし、バイオメカニクスでは右ページの分解の手順のように長方形で分解します。

図6-4 ベクトルの分解

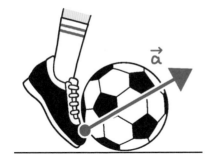

ボールに加えられた力を水平方向と上方向に分解してみよう。

①

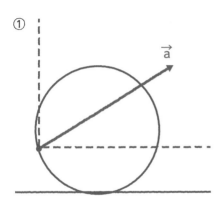

②

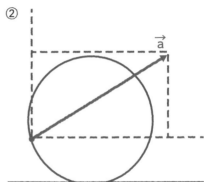

③

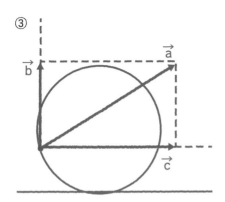

水平方向と上方向に分解することで、力やボールの動きが調べやすくなる。

力のつり合い

力がつり合っているとは？

綱引きで引っ張りあって綱が動かないときがありますよね。

物体に力がはたらいているのにその物体が動いていなければ、それらの**力はつり合っている**といいます。

力がつり合っている状態をベクトルで表してみましょう。

右ページの図は、AくんとBくんが綱引きで引っ張り合っているところです。

AくんとBくんは同じ力の大きさで逆向きに引っ張り合っています。（図7-1）

Aくんの力のベクトル$\vec{a}$、Bくんの力のベクトル$\vec{b}$を合成してみると、大きさが同じで向きが逆だから、綱にはたらく力はお互いに打ち消しあう状態になります。

物体にはたらく力をすべて合成したときの力のことを**合力**といいます。この綱は合力がゼロになっています。

つまり、力がつり合うとは、「その物体にはたらく力の合力がゼロである」ということです。

合力がゼロでないとしたら、合力がはたらく方向へ動き出すことになります。

図7-1 力がつり合っている＝合力ゼロ

 AくんとBくんが同じ力の大きさで逆向きに引っ張り合っているとしよう。

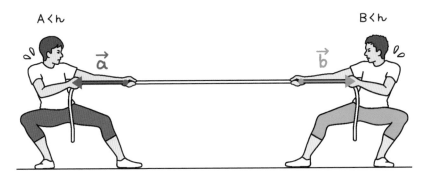

 Aくんの力のベクトル$\vec{a}$、Bくんの力のベクトル$\vec{b}$を合成してみると…

 $\vec{a}$、$\vec{b}$は大きさが同じで向きが逆だから、合力はゼロ。
「力がつり合っている」といえる。

物体にはたらく力が3つ以上では？

綱引きでは2つの力でしたが、はたらく力が3つ以上であっても、力のつり合いは起こります。

右ページの図はAくんとBくんが荷物を持っているところです。（図7-2）
$\vec{a}$はAくんが斜めに荷物を引っ張る力、$\vec{b}$はBくんが引っ張る力、$\vec{c}$は荷物にはたらいている重力です。

AくんとBくんの力を合成すると、荷物にはたらいている重力と向きが逆で大きさが同じになっているのがわかります。
AくんとBくんの力の合力$\vec{a}+\vec{b}$と重力$\vec{c}$をさらに合成すると、その合力はゼロになります。
つまり、荷物にはたらく力の合力がゼロになるので、荷物にはたらく力はつり合いがとれている、ということになります。

力がつり合っていると物体の運動は変化しない

地球上にある物体にはすべて重力がはたらきます。したがって、静止している物体には重力と合成したときにゼロになる力がはたらいているはずです。

たとえば、静止して地面に立っている人は地面から**床反力**という力を受けます（P54）。この力は重力と同じ大きさで逆向きなので、合力がゼロとなり、身体は静止し続けることができるのです。（図7-3）

図7-2 3つ以上の力がつり合うときも合力はゼロ

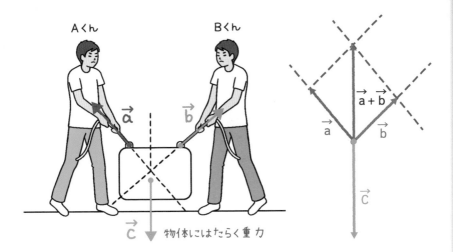

Aくん　　　　　Bくん

$\vec{a}$　　$\vec{b}$

$\vec{c}$　物体にはたらく重力

$\vec{a} + \vec{b}$

$\vec{a}$　$\vec{b}$

$\vec{c}$

AくんとBくんが荷物を引っ張る力と、重力との合力がゼロになるのがベクトルからわかる。

図7-3 静止している人にはたらく力の合力もゼロ

重力と同じ大きさで逆向きの床反力がはたらいて合力がゼロになる。

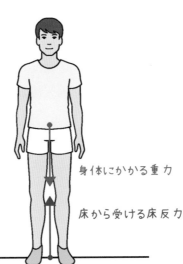

身体にかかる重力

床から受ける床反力

作用・反作用の法則

力を加えると逆向きの力がセットではたらく

こんな実験をやってみましょう。

スケート場でAくんとBくんが向き合って手を合わせています。

AくんとBくんの質量は同じです。

Aくんが Bくんの手を押したら、2人はどのように動くと思いますか？（図8-1）

答えは……

「AくんもBくんも後ろ向きに同じ速さで下がる」です。

AくんがBくんの手を押した瞬間、Bくんの手からAくんへ逆向きの力が働くからです。この力はAくんがBくんを押した力とまったく同じ大きさです。

AくんもBくんも質量は同じだから、同じ大きさの力で押されることで、同じ速さで動くというわけです。

図8-1 スケート場で押す実験

AくんとBくんは同じ質量で、AくんがBくんの手を押したら、2人はどのように動くか?

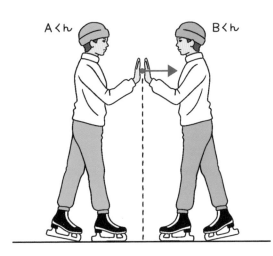

Aくん

Bくん

同じ速さで
後ろ向きに動く

2人とも同じ速さで後ろ向きに動くんだ。

作用・反作用の法則とは?

このように「物体に力を加えると、その力と同じ作用線上に同じ大きさの逆向きの力がはたらく」という法則があります。
これを**作用・反作用の法則**といいます。(図8-2)

一方の力を**作用**としたとき、反対にはたらくのが**反作用**です。
この2つの力は必ずペアで同時に現れます。物体に力を加えたときに、一方だけ力を受けるということはありません。

スポーツや日常の動作で利用されている

作用・反作用の力はスポーツや日常動作でうまく利用されています。

たとえば、歩くときや走るとき、足の裏で地面を押すと同時に身体は地面から力を受けます。その力を利用して身体を前に進めます。

ジャンプ動作では、地面に大きな力を加えたときの地面からの反作用を利用しています。

水泳のターンでは、足で壁を蹴るのと同時に壁が足を押す力が発生します。この力で泳者は勢いをつけることができるのです。(図8-3)

図8-2 AくんがBくんを押した瞬間の力のベクトル

AくんがBくんに力を加えると、その力と同じ作用線上に大きさが同じで逆向きの力がAくんにはたらく。

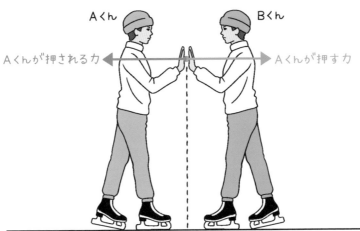

Aくん　　　　　　　　Bくん

Aくんが押される力 ← → Aくんが押す力

図8-3　作用・反作用の法則を利用した動作

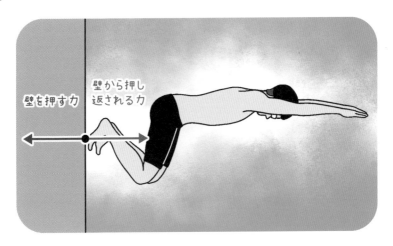

壁を押す力　壁から押し返される力

足で壁を蹴るのと同時に壁が足を押す力が発生する。この力によって前に進むことができる。

つり合いと作用・反作用は同じ？

力のつり合いも大きさが同じで向きが逆です（P36）。

でも、力のつり合いと作用・反作用はまったく違う現象です。

図8-4の上図は床の上で鉄球が静止しているところです。鉄球には重力がはたらいています。

重力がはたらいているのに鉄球が動かないのは、鉄球に重力と同じ大きさで逆向きの力がはたらいていて、それが重力とつり合っているからです。

鉄球が床を押すと、その反作用で鉄球は床から力を受けます。重力とは逆向きのこの力のことを**床反力**といいます。鉄球には重力と床反力がはたらいており、これら2つがつり合っているため鉄球は静止します。

図8-4の下図は鉄球と床との間にはたらく作用・反作用の力を表しています。

鉄球が床を押す力がはたらくと同時に、鉄球は床から同じ大きさで逆向きの力（床反力）を受けます。同じ点からベクトルが出ていますが、鉄球が床を押す力は床にはたらいている力、床が鉄球を押し返す力（床反力）は鉄球にはたらいている力です。

力のつり合いとは、**1つの物体**にはたらいているすべての力がつり合っているという現象のこと。

作用・反作用とは、**2つの物体**それぞれに同じ大きさで逆向きの力が生じるという現象のこと。

この違いをしっかり覚えておいてください。

図8-4 力のつり合いと作用・反作用の違い

力のつり合い

鉄球にはたらく重力と
鉄球にはたらく床反力
がつり合っている（ど
ちらの力も鉄球にはた
らいている）

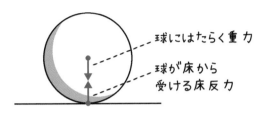

球にはたらく重力

球が床から
受ける床反力

作用・反作用

鉄球が床を押す力（作
用）とそのときに床か
ら押し返される力（床
反力）（反作用）

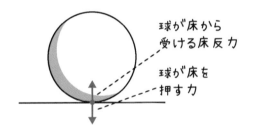

球が床から
受ける床反力

球が床を
押す力

ちょっと補足

鉄球にはたらく重力の反作用は?

鉄球にはたらく重力を作用とした場合、ペ
アになってはたらく反作用はどこに？　と
思われた方がいるでしょう。
球にはたらく重力とは、地球が球を引っ
張っている力のこと。その反作用とは、「球
が地球を引っ張っている力」になります。

地球が球を引っ張る力

球が地球を引っ張る力

身体の重心を求める

質量が同じ物体の重心の合成

P22で解説した身体の重心を求めるには、合成重心の求め方を知る必要があります。

同じ重さの2つの重りを棒でつないだ鉄アレイの重心を考えてみます。(図9-1)

棒の部分の重心を無視して考えると、重りの質量が同じであれば、合成重心が重りと重りの真ん中に位置するのはなんとなくイメージできるでしょう。これを計算式で表してみます。

重りAの質量が1kg、Bの質量も1kgだとします。

重りA、Bの位置を座標で表してみます。座標というのは、点の位置を示すための方法です。

X軸上に重りAの重心、Bの重心、この物体全体の重心があるとして、原点Oからの距離でその位置を表します。

重りAの重心位置が原点からX_1、Bの重心位置がX_2の位置、この物体全体の重心位置がXにあるとします。

X_1に1kg、X_2に1kgをそれぞれかけて、全体の質量で割ります。

$$X = \frac{X_1 \times 1kg + X_2 \times 1kg}{2kg}$$

kgが分子と分母にあるので、消すと、

$$X = \frac{X_1 + X_2}{2} \cdots\cdots ①$$

となります。これが鉄アレイ全体の重心を原点から測った位置になります。

図9-1 重力は地球の中心に向かって物体を引っ張る力

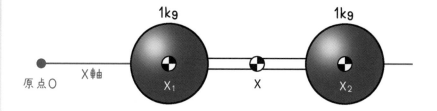

原点OからX₁が1m、X₂が2mの位置にあったとすると、式①より、

$$X = \frac{1m+2m}{2} = \frac{3m}{2} = 1.5m$$

原点Oより1.5mの位置に合成重心Xがあることがわかる。
合成重心XはX₁とX₂の真ん中にあるということ。

重りが2kgになっても3kgになっても2つの重りの質量が同じであれば、
必ず式①と同じ式になる

質量が異なる物体の重心の合成

「部分の重心位置に質量をかけて全体の質量で割る」

これが合成重心の求め方です。

2つの物体の質量が違う場合でも、

「部分の重心位置に質量をかけて全体の質量で割る」

で合成重心の位置は求められます。

重りＡの質量が1kg、Ｂの質量が3kgの場合を考えてみましょう。今回も棒部分の重心位置は考えないことにします。（図9-2）

重りＡの重心位置が原点からX_1、Ｂの重心位置がX_2の位置、この物体全体の重心位置がXにあるとします。

部分の重心位置に質量をかけて全体の質量で割ってみると

$$X = \frac{X_1 \times 1kg + X_2 \times 3kg}{(1+3)\,kg}$$

kgが分子と分母にあるので、消すと、

$$X = \frac{X_1 + 3X_2}{4} \quad \cdots\cdots ②$$

という式が得られます。これが鉄アレイ全体の重心を原点から測った位置になります。

違う重さの重りをつないだ鉄アレイの重心

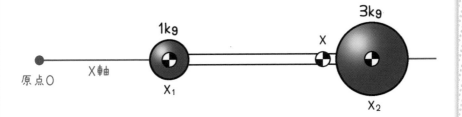

X₁が原点Oから1m、X₂が2m離れていたとすると、式②より

$$X = \frac{1m + 3 \times 2m}{4} = \frac{7m}{4} = 1.75m$$

つまり、合成重心は原点Oから1.75mの位置にある、ということがわかる。

ちょっと補足 **合成重心の位置を示す式**

式②はX₁とX₂の質量の割合を示す式になることも覚えておきましょう。

式②は次のように変形できます。

$$X = \frac{1}{4}X_1 + \frac{3}{4}X_2$$

全体の質量の$\frac{1}{4}$（25%）がX₁、$\frac{3}{4}$（75%）がX₂にあることを示しています。

身体の重心も同じ方法で求められる

重心の合成の考えを使って身体の重心の位置を求めてみます。

人間の身体は頭部、体幹部、上腕部…などとセグメントに分けることができるといいましたが（→P22）、それぞれのセグメントを前項の鉄アレイの重りに見立てれば、各セグメント間の合成重心を求められることがわかるでしょう。

たとえば、頭部と体幹の合成重心を求めてみます。（図9-3）

頭部の重心位置を X_1、質量を m、体幹の重心位置を X_2、質量を M とします。部分の重心位置に質量をかけて全体の質量で割るので、次のように求められます。

$$頭部と体幹の合成重心 = \frac{X_1 \times m + X_2 \times M}{m + M}$$

頭部と体幹の合成重心が求められたら、その合成重心と右上腕部の重心との合成重心と求める、というように、繰り返しセグメント間の合成重心を求めていくと身体全体の重心を求めることができます。

「でも身体をバラバラにしないとそれぞれの重さはわからないのでは？」と思われるかもしれませんが、各セグメントの質量が全質量に占める割合（**質量比率**）は実測によって求められています。また、各セグメントの重心位置も求められています。もちろん質量比率には個人差がありますが、たとえば「日本人男性の陸上長距離選手の質量比率やセグメントの重心位置（平均）」などといったさまざまなデータが研究によって求められています。

運動中はセグメント間の距離が刻々と変化するため、身体の重心位置も変化します。しかし、各セグメントの重心をつなぐことで、どんな姿勢であっても重心位置を求めることができ、それによって動作を分析できるのです。

図9-3 セグメント間の合成重心を求める

セグメント間の重心位置は鉄アレイの重心位置と同じ方法で求められる。
これを繰り返すことで身体重心の位置を求めることができる。

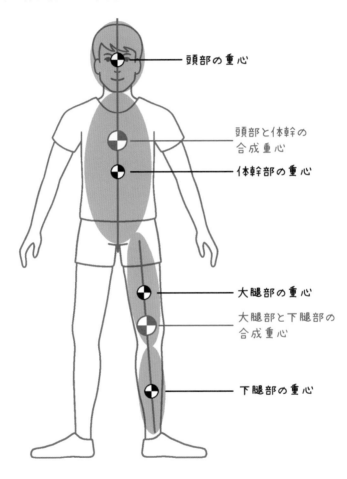

頭部の重心

頭部と体幹の
合成重心

体幹部の重心

大腿部の重心

大腿部と下腿部の
合成重心

下腿部の重心

①頭部の重心と体幹部の重心からそれらの合成重心を求める。
②大腿部の重心と下腿部の重心からそれらの合成重心を求める。

このように2つのセグメント間の重心を次々に求めることで
身体全体の合成重心を求めることができる。

PART 2

床反力と
身体運動

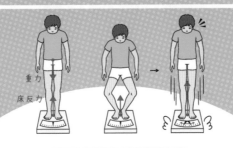

重力
床反力

keyword

床反力とCOP

床から受ける力を合成して1つにまとめる

立位で足底と床面が接触していると、接触面の全体に床から無数の力を受けます。

この力のことを**床反力**（ゆか はんりょく）といいます。

床反力をベクトルで表す場合、足底の面で受けている力をすべてベクトルで表すのはとても不便なので、足底が床から受ける力は合成して1つの力として扱うのが一般的です。

1つにまとめた床反力のベクトルのことを**床反力ベクトル**といいます。

図1-1 床面から受ける力を1つにまとめる

 床反力は1つのベクトルにまとめて扱う。

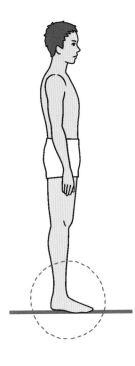

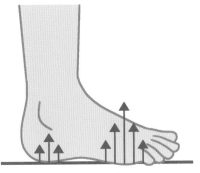

足底の各所が床面から力を受けている。この力をすべてベクトルで表すのはとても不便。

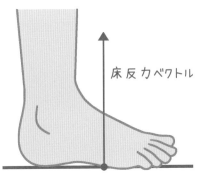

床反力ベクトル

足底が床から受ける力は合成して1つの力として扱うのが一般的。

床に大きい力を加えると床反力も大きくなる

床反力がはたらくのは静止しているときだけではありません。走るときに足底で地面を押しますが、押した瞬間、作用・反作用の法則によって身体が地面から力を受けます。これも床反力です。

では、静止しているときと力を加えたときとでは、力の大きさはどのくらい違うのでしょうか?

60kgの質量の人が体重計に乗って静止したとします。体重計は当然60kgを示します。
その人がゆっくり膝を曲げてから強く脚を伸ばすと、一瞬ですが目盛りが大きく動くことがあります。(図1-2)

身体重心に生じる重力の大きさは、地球上にいる限りは変化しません。
しかし、体重計の上に乗って膝を曲げたり伸ばしたりすると、針が大きく動くことが観察できます。体重計が質量を計測する機器だとしたら、針は動かないはずです。

身体が静止しているときには身体に生じる重力の大きさは床反力の大きさと等しくなりますが、身体が動いているときには床反力の大きさが変化します。
重力の大きさと床反力の大きさに差が生まれることで、身体に動きが生じるのです。(図1-3)

体重計は質量を測っているのでなく、床反力を測っているのです。体重計は、静止しているときに限って体重を知ることができる機器です。

図1-2 体重計を押す実験

 体重計に乗って静かに膝を曲げてから強く脚を伸ばすと、一瞬、目盛りが大きく動く。これは身体に生じる重力より大きな力で体重計を押しているためだ。

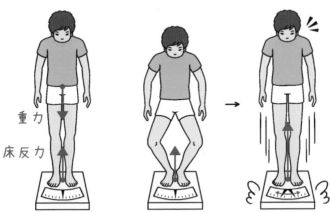

重力
床反力

図1-3 床を押す力が大きければ床反力も大きい

 ジャンプのために踏み切ったり、走ったりするときは自分の身体に生じる重力の何倍もの床反力が身体に生じる。

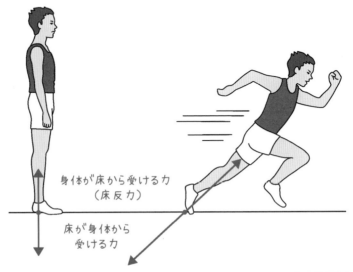

身体が床から受ける力
（床反力）

床が身体から
受ける力

床反力を受ける点

床反力は足底が床から受ける力を合成して1つの力として扱う、といいました。その足底が床反力を受ける点のことを**床反力作用点**といいます。また、英表記で**COP**（Center Of Pressure）と記されることもよくあります。

左右の足が床面に接触しているので足ごとにCOPを求めることができます。これを**足部COP**と呼びます。また、左右それぞれの足部COPを1つにまとめることができます。

右図は両足で直立する身体に生じる床反力を表しています。（図1-4）
左右それぞれの足についての足部COPを合成すると、合成されたCOPは両足の間に位置することになります。

合成されたCOPの位置は左足、右足それぞれに生じる床反力の大きさによって決まります。
左足、右足どちらにも同じ大きさの床反力が生じれば、COPは両足の中央になります。
右足に生じる床反力のほうが大きければCOPは右に寄るし、左足に生じる床反力のほうが大きければ、COPは左に寄ります（図1-5）
床反力の大きさ、COPの位置の求め方はP78〜で解説します。

図1-4 立位の身体に生じる床反力と合成COP

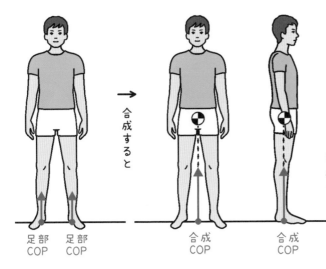

合成すると

足部COP　足部COP

合成COP　合成COP

前から見ても
横から見ても
合成COPが重心の
真下に来る

図1-5 COPの位置

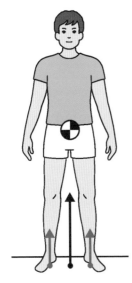

左右どちらにも同じ大きさの床反力
が生じればCOPは両足の中央。

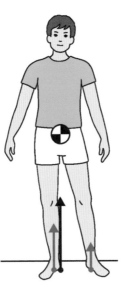

右足に生じる床反力のほうが大きけ
ればCOPは右に寄る。

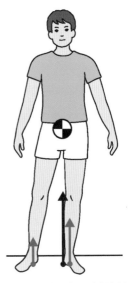

左足に生じる床反力のほうが大きけ
れば、COPは左に寄る。

立位姿勢を安定させるには①

鉄球は静止するのに棒がぐらぐらするわけ

直立して静止している姿勢を**立位姿勢**といいます。

静止した立位姿勢を維持しているとき、身体にはどんな力がはたらいているかを見ていきます。

床に置いた鉄球には、重力と床から受ける床反力がはたらいています。この2つの力がつり合っているため、鉄球は静止する、とP45で説明しました。（図2-1）

では、棒を手の平に乗せてバランスをとるときのことを考えてください。

この棒にも重力と棒に生じる反力（床反力に相当）がはたらいていますが、ぐらぐらして鉄球のようにピタッと静止しません。（図2-2）

これは重力と反力がつり合っていないためです。

図2-1 鉄球が静止するわけ

鉄球の重心に生じる重力と床反力がつり合っているため、鉄球は静止する。

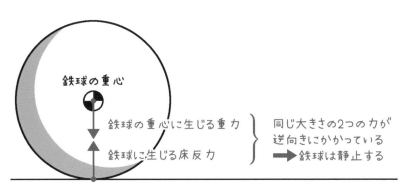

鉄球の重心

鉄球の重心に生じる重力

鉄球に生じる床反力

同じ大きさの2つの力が
逆向きにかかっている
➡ 鉄球は静止する

 図2-2 棒がぐらつくのは?

棒がぐらぐらするのは棒に生じる重力と反力がつり合っていないため。

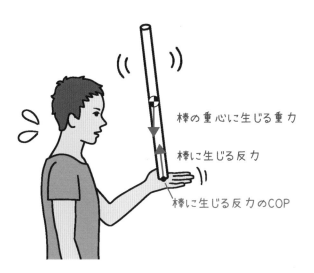

棒の重心に生じる重力

棒に生じる反力

棒に生じる反力のCOP

床反力ベクトルが重心線上にあると安定性は高くなる

物体の重心を通る垂直な線のことを重心線といいます（→P22）。

棒がまっすぐ立っている場合、反力のベクトルは重心線上にあり、COPは重心線が地面に接する点と一致します。
つまり、棒に生じる重力と反力は同じ大きさで、しかも同じ直線上にあるため、力がつり合って棒は静止します。（図2-3上）

しかし、棒は少しの外力で傾いてしまいます。
棒が傾くと、反力のベクトルと重心線がずれます。すると、重力と反力がつり合わず、棒は倒れようとします。（図2-3下）

手に乗せた棒を倒れないようにするには、手を小刻みに動かしてCOPの位置を調整する必要があります。
これは静止した立位姿勢を維持する場合も同じです。

身体各部の筋を使ってCOPを調整することで、ぐらつかない姿勢を保っているのです。

図2-3 立位姿勢を安定させるには

棒に生じる重力と反力は同じ大きさで、しかも同じ直線上にあるため、力が
つり合って棒は静止する。

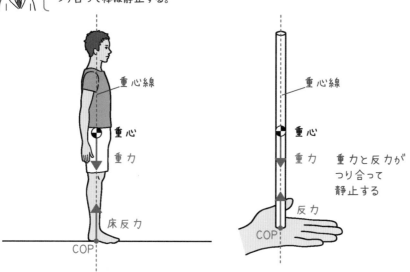

重心線

重心線

重心

重心

重力

重力

重力と反力が
つり合って
静止する

床反力

反力

COP

COP

棒が傾くと、反力のベクトルと重心線がずれて、重力と反力がつり合わず、
棒は倒れようとする。

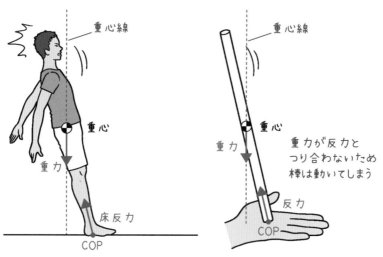

重心線

重心線

重心

重心

重力

重力

重力が反力と
つり合わないため
棒は動いてしまう

床反力

反力

COP

COP

立位姿勢を安定させるには②

支持基底面の広さと姿勢の安定性

立位において、床と接している接地面とそれに囲まれた範囲のことを支持基底面といいます。

イラストにあるように、両足底の外周とそれに挟まれた範囲が支持基底面になります。（図3-1）

支持基底面が広いほど安定性はよくなります。

たとえば、足を密着させた立位姿勢よりも両足を開いた立位姿勢のほうが支持基底面は広くなります。外力を与えられたとき両足を開いた姿勢のほうがぐらつきが小さいことは経験的にわかるでしょう。

また、片足で立つ場合は、地面についている足の周囲だけが支持基底面になります。両足立ちに比べて片足立ちの安定性が悪いのは、支持基底面が狭いからです。

図3-1 足の位置と支持基底面の広さ

立位姿勢では足を広げたほうが支持基底面が広くなる。

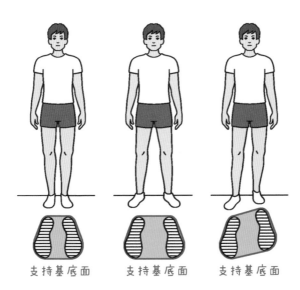

支持基底面 支持基底面 支持基底面

片足立ちの場合は
地面に着いている
片足の範囲が支持
基底面になる。

支持基底面

杖を使っている場合
は両足底と杖が接地
している点とに囲ま
れた範囲が支持基
底面になる。

支持基底面

杖

65

重心線が支持基底面からずれると……

支持基底面が狭いほど安定性が悪いのはなぜでしょうか？

足を広げた立位姿勢の場合、上半身を少し横に傾けても倒れることはありません。

しかし、片足立ちの場合、上半身を少し傾けただけですぐに倒れてしまいます。

片足立ちでは、上半身を少し傾けただけで重心線が支持基底面から外れてしまい、倒れやすくなるのです。

ぐらつかない姿勢を保つには重心線が支持基底面の中に入っていることが大切なのです。

図3-2 重心線と支持基底面の関係

重心線が支持基底面の中にあれば倒れにくい。

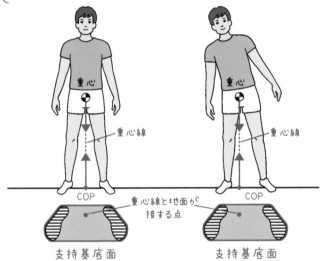

重心

重心線

COP

重心線と地面が接する点

支持基底面

重心

重心線

COP

重心線と地面が接する点

支持基底面

片足立ちでは、重心線が支持基底面から外れやすく、倒れやすい。

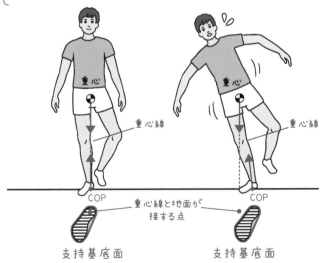

重心

重心線

COP

重心線と地面が接する点

支持基底面

重心

重心線

COP

重心線と地面が接する点

支持基底面

床反力ベクトルの合成

身体にかかる力をベクトルで表す

ここからは床反力が姿勢や動きにどう関わっているかを見ていきます。

そのためには、P30で解説した「ベクトルの合成と分解」についての知識が必要です。

運動しているときに身体にかかる力、また静止した身体にかかる力をベクトルで表し、それを合成したり分解したりすることで、力の作用を分析することがあります。

身体にかかる力をベクトルで示すことで、見た目ではわからない作用を目に見えるかたちで説明できるからです。

まず、身体にかかる力を合成する方法として、立位姿勢と歩行での床反力ベクトルの合成について説明します。

図4-1 ベクトルを使うと姿勢や動きが分析しやすくなる

動作を見ているだけではどういう力がはたらいているのかを分析するのは難しい。

身体にはたらく力をベクトルで示すことで、見た目ではわからない作用を図で表すことができる。

平行な床反力ベクトルの合成

立位姿勢で右足と左足に同じ大きさで真上に平行な床反力が生じているとします（図4-2）。

1つの物体に平行な力がかかっている場合、その大きさは単純に足し合わせることで求めることができます。

また、合成COPの位置は、2つの作用点のちょうど真ん中になります。

斜めに傾いた床反力ベクトルの合成

床反力は運動しているときにもはたらきます。

立位姿勢では床反力は鉛直方向にはたらきますが、

人間が何らかの動作をしているときの床反力は、ほとんどの場合、鉛直方向ではなく、傾いています。

図4-3では、歩いているときの前足と後ろ足の床反力を合成しています。

斜めになったベクトルの合成は平行なベクトルの合成のように単純に大きさを足すことはできません。

合成のポイントは、「平行四辺形で合成せよ！」です。

図4-2 同じ大きさで平行な床反力ベクトルの合成

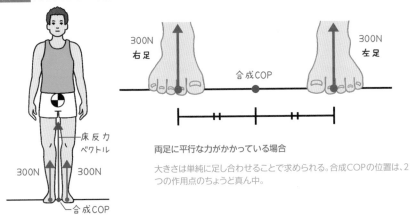

300N
右足

合成COP

300N
左足

床反力
ベクトル

300N   300N

合成COP

両足に平行な力がかかっている場合

大きさは単純に足し合わせることで求められる。合成COPの位置は、2つの作用点のちょうど真ん中。

図4-3 歩行時の左右の床反力ベクトルの合成

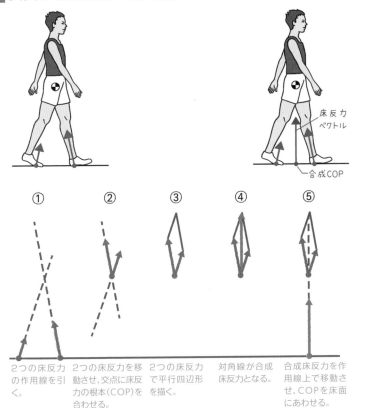

床反力
ベクトル

合成COP

① ② ③ ④ ⑤

①	②	③	④	⑤
2つの床反力の作用線を引く。	2つの床反力を移動させ、交点に床反力の根本（COP）を合わせる。	2つの床反力で平行四辺形を描く。	対角線が合成床反力となる。	合成床反力を作用線上で移動させ、COPを床面にあわせる。

床反力ベクトルの分解

床反力ベクトルを分解することでわかること

人が何らかの動作を行うとき、床反力ベクトルは前後左右に傾きます。このベクトルの傾きの大きさは身体にかかる推進力と制動力（ブレーキ）の大きさを示しています。

たとえば、スタートダッシュではベクトルは前方へ傾くし、ストップをしたときには後方へ傾きます。

地面を強く蹴って走り出せば大きく前方へ傾き、前への動きを急停止させると逆に後方へ傾きます。

床反力ベクトルの傾きの度合いは身体にはたらく推進力と制動力（アクセルとブレーキ）の大きさを示すことになります。

推進力や制動力の大きさは床反力ベクトルを分解することでわかります。ベクトルの合成には平行四辺形を使いましたが、分解には長方形を使います。

図5-1 床反力ベクトルの傾き

スタートダッシュでは床反力ベクトルは前に傾く。

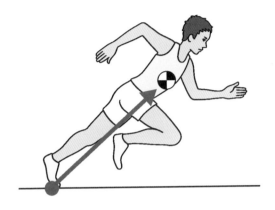

 ストップしたときは床反力ベクトルは後ろに傾く。

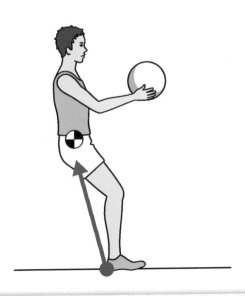

床反力ベクトルを分解して推進力の大きさを調べる

まず、地面を強く蹴って走り出すときの床反力ベクトルを分解して、床反力ベクトルの傾きによって推進力の大きさがどう変わるかを見てみます。

地面を強く蹴るとき、地面に加えた力の反作用として身体は床反力を受けます。この床反力ベクトルを前後方向のベクトルと鉛直方向のベクトルに分解してみます。（図5-2）

同じ大きさで地面に力を加えたとき、身体を地面のほうに傾けるほど、水平方向へ大きな推進力が得られることがわかります。（図5-3）

ちょっと補足 **制動力の大きさも測れる**

前方への動きを急停止したときに地面から受ける床反力を分解すると、制動力の大きさを求められます。

急停止するとき力を入れる向きを水平方向に傾けるほど（身体を地面のほうに傾けるほど）、大きな制動力が得られることがわかります。

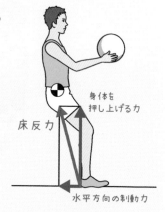

身体を
押し上げる力

床反力

水平方向の制動力

ストップするときのベクトルも
同様に分解できる。

図5-2 床反力ベクトルの分解

鉛直方向のベクトルは身体を上向きに押し上げる力、
前後方向のベクトルは推進力を表すベクトルになる。

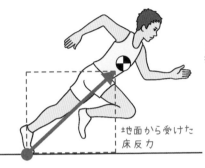

地面から受けた
床反力

①まず、床反力ベクトルを対
角線にした長方形を描く。

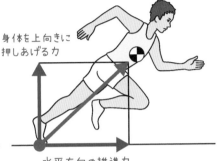

身体を上向きに
押しあげる力

水平方向の推進力

②縦の辺と横の辺の方向に
ベクトルを描く。

図5-3 スタートダッシュで大きな推進力を得る

身体を地面のほうに傾けるほど、前方向へ大きな推進力が得られる。

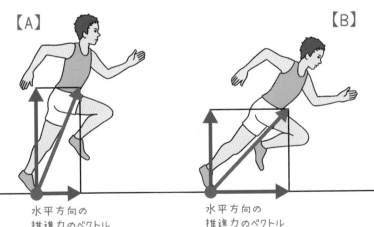

【A】

水平方向の
推進力のベクトル

【B】

水平方向の
推進力のベクトル

ベクトルの成分表示

ベクトルを成分で表示する

ベクトルの分解では、ベクトルを上下方向と前後方向に分けました。このように
にもとのベクトルを分解したときに、分解してできた力を**もとのベクトルの成分**といい、前後方向は**前後方向成分**、上下方向は**上下方向成分**といいます。

床反力ベクトルを上下方向と前後方向に分解して、前後方向が500Nで、上下方向が450Nだったら
床反力ベクトルの前後方向成分は500N
床反力ベクトルの上下方向成分は450N
というように表現します（図6-1 上）。

また、ベクトルを成分に分けたときに、その方向を表すのに**正の数（＋）、負の数（－）**を用います。
たとえば、前後方向について、前方向を正（＋）と決めて、後ろ方向に130Nの力が生じていたとしたら、
床反力ベクトルの前後方向成分は－130N
というようにプラス符号、マイナス符号をつけて表現します（図6-1 下）。
プラスもマイナスも単に方向を表す、ということに注意してください。

図6-1 ベクトルの成分表示

ベクトルを成分に
分けたときは次の
ように表現する。

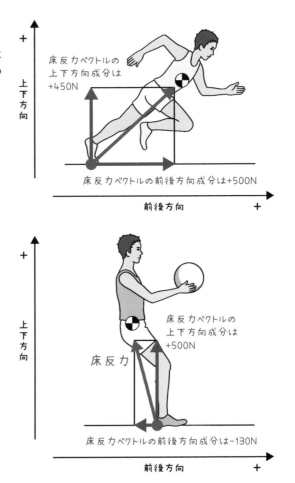

床反力ベクトルの
上下方向成分は
+450N

床反力ベクトルの前後方向成分は+500N

上下方向

前後方向　　+

床反力ベクトルの
上下方向成分は
+500N

床反力

床反力ベクトルの前後方向成分は-130N

上下方向

前後方向　　+

ちょっと補足

成分の方向は3つ

動きや力のベクトルを前後方向、上下方
向の2つに分ける方法を紹介しましたが、
これらに加えて「左右方向」もあります。
バイオメカニクスでは、この3つの成分に
分解して考えるのがふつうです。

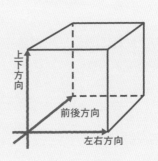

上下方向

前後方向

左右方向

床反力ベクトルを合成する

平行左右の力が同じ大きさの場合

立位姿勢での床反力ベクトルの大きさとCOPの位置は合成重心と同じように求めることができます。

右足に300N、左足に300Nと同じ大きさで、真上に平行な床反力がかかっているとします。（図7-1）床反力を合成したときの大きさと床反力作用点（合成COP）の位置を計算します。

1つの物体に平行な力がかかっている場合、その大きさは単純に足し合わせることで求めることができます。
合成床反力の大きさ＝300N+300N=600N

合成COPの位置は、合成重心を求めたときと同じ考え方で求められます（→P46）。合成重心は「各重心位置に重さをかけて全体の重さで割る」ことで求めることができましたが、床反力の合成COPは「各COPに床反力の大きさをかけて合成床反力の大きさで割る」ことで求めることができます。

左右の足底にあるCOPが座標のX軸上にあり、右足のCOPがX_1、左足のCOPがX_2、合成したCOPがX_cにあるとします。X_cは次のように求められます。

$$X_c = \frac{300X_1 + 300X_2}{300 + 300} = \frac{300\,(X_1 + X_2)}{600} = \frac{X_1 + X_2}{2} \cdots\cdots \text{①}$$

左右の床反力の大きさが同じで平行であれば、必ず式①と同じ式になります。これも合成重心と同じです。

図7-1 左右の力が同じ大きさの場合の床反力

平行で同じ大きさの床反力ベクトルだったら、大きさは足し合わせ、
合成COPはちょうど真ん中にある。

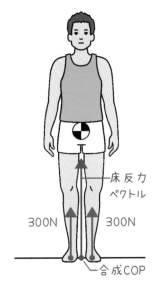

床反力
ベクトル

300N　300N

合成COP

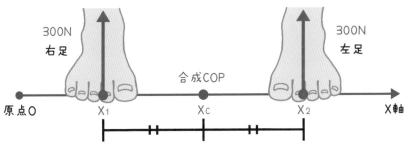

300N
右足

合成COP

300N
左足

原点O　X₁　Xc　X₂　X軸

原点OからX₁が1m、X₂が1.5mの位置にあったとすると、①より

$$X_c = \frac{1m+1.5m}{2} = 1.25m$$

合成COP Xcは原点Oから1.25mの位置、つまり、X₁とX₂のちょうど真ん中にあることがわかる。

平行で左右の力が違う大きさの場合

次に、右足に200N、左足に400Nと違う大きさで、真上に平行な床反力がかかっているとします。この場合の合成床反力の大きさと合成COPの位置を計算します。(図7-2)

この場合も1つの物体に平行な力がはたらいていますから、合成した床反力の大きさは足し合わせることで求められます。

合成床反力の大きさ＝200N+400N＝600N

となります。

次に合成COPの位置です。

床反力の合成COPは「各COPに床反力の大きさをかけて合成床反力の大きさで割る」ことで求められます。

$$X_c = \frac{200X_1 + 400X_2}{200 + 400} = \frac{200\,(X_1 + 2X_2)}{600} = \frac{X_1 + 2X_2}{3} \quad \cdots\cdots ②$$

これが合成COPを原点から測った位置になります。

ちょっと補足 合成COPの位置を示す式

合成COPの位置を示す式② $X_c = \dfrac{X_1 + 2X_2}{3}$ は次のように変形できます。

$$X_c = \frac{1}{3} X_1 + \frac{2}{3} X_2$$

これはX₁の位置に床反力全体の1/3の大きさがあって、X₂の位置に2/3の大きさがあることを示しています。つまり、左足と右足それぞれに床反力がどのくらいはたらいているかがわかる、合成床反力の大きさを分解する式としても使えます。

図7-2 左右の力が違う大きさの場合の床反力

平行で違う大きさの床反力ベクトルの合成COPは各COPに床反力の大きさをかけて合成床反力の大きさで割ることで求められる。

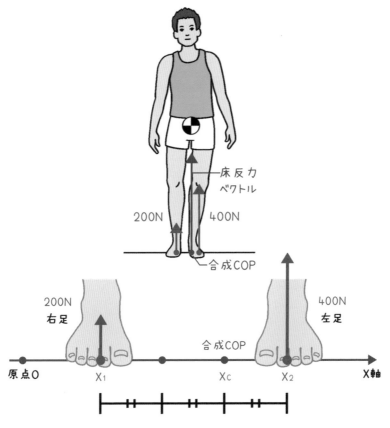

原点OからX₁が1m、X₂が1.5mの位置にあったとすると、式②より

$$X_C = \frac{1m + 2 \times 1.5m}{3} = 1.33m$$

合成COP　Xcは原点Oから1.33mの位置、つまり、X₁から0.33mの位置にあることがわかる。

これはX₁とX₂の距離を3等分したとき、X₂から $\frac{1}{3}$ の距離になる。

PART 3

並進運動と運動の法則

A くん　　　加速度 $\vec{a}$

$\vec{F}$

keyword

変位

速度

加速度

慣性の法則

運動の法則

運動方程式

重力加速度

変位と速度と加速度のグラフ

歩行と床反力

並進運動と
回転運動

物体の運動は2つの運動の組み合わせ

野球やテニスなどの球技をスローモーションの映像で見ると、ボールはさまざまな軌道を描いてある方向に移動するとともに、ボール自身がクルクルと回転しているのがわかります。

ボールの運動は**並進運動**と**回転運動**が組み合わさったものです。

並進運動とは、回転せずに物体の位置だけが移動する運動のことです。

回転運動とは、物体の位置が変わらず、回転する運動のことです。

ボールに限らず、物体の運動は、並進運動と回転運動を組み合わせたものと見ることができます。

PART3では並進運動について、PART4では回転運動について、説明します。

図1-1 並進運動と回転運動

 並進運動は、回転せずに物体の位置だけが変わる運動のこと。

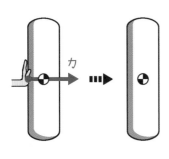

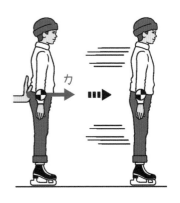

 回転運動は、物体の位置が変わらず、回転する運動のこと。

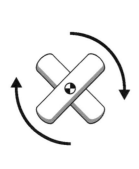

速度と加速度

変位と移動距離

並進運動している物体は位置が変化します。この位置の変化量のことを**変位**といいます。

「変位？ それって移動した距離のこと？」と思われるかもしれませんが、変位と移動距離は意味が違います。

変位といった場合は、始点と終点の直線距離で、方向も含んでいるので、ベクトル量です。
移動距離といった場合は、物体がたどった経路の長さを指すもので、長さのみを指すスカラー量です。

変位をその移動にかかった時間で割って求められるのが**速度**です。

$$速度 = \frac{変位}{かかった時間}$$

ベクトル量の変位をかかった時間で割って求める量なので、速度もベクトル量になります。
経過時間を秒で換算して計算すれば秒速、分で換算して計算すれば**分速**になります。

図2-1 変位と移動距離

変位という言葉はなじみがないかもしれない。しかし、速度や加速度を求めるときにとても大切なのだ。

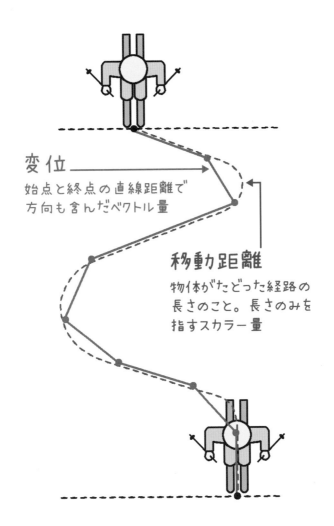

変位 —
始点と終点の直線距離で
方向も含んだベクトル量

移動距離
物体がたどった経路の
長さのこと。長さのみを
指すスカラー量

速度と速さ

速度のことを「速さ」と言ったりしますが、厳密には「速度」と「速さ」は異なる量です。

「速度」といった場合、大きさと向きを持つ量、すなわち**ベクトル**で考えます。**「速さ」**といった場合、大きさのみの量、すなわち**スカラー**で考えます。

2m/s（秒速2m、sはsecond＝秒）で歩く人は、自宅から学校に向かっても、学校から自宅に向かっても「速さ」は2m/sです。

しかし、「その速度は?」と問われたら、方向を考慮して成分で答えなくてはいけません。P76の「ベクトルの成分表示」で説明したように、ベクトルでは方向を正（＋）、負（−）で表します。

たとえば、自宅から学校への直線道路があったとして、自宅から学校への方向を正（＋）としたら、学校から自宅への方向は負（−）となります。

したがって、2m/sで自宅から学校に向かっているときの速度は「+2m/s」となります。学校から自宅へ向かっているときの速度は「−2m/s」となります。また、正の場合はプラスの符号をとって「2m/s」と表すのが一般的です。

図2-2 速度と速さ

速さはスカラー量。
したがって、自宅→学校でも、学校→自宅でも「速さ」は2m/s

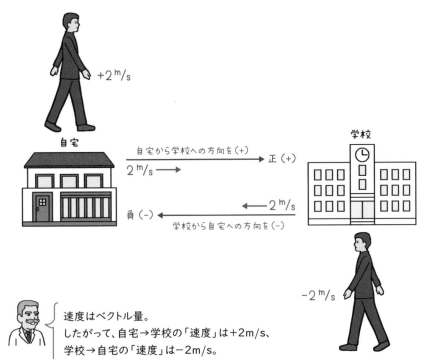

速度はベクトル量。
したがって、自宅→学校の「速度」は＋2m/s、
学校→自宅の「速度」は－2m/s。

ちょっと補足 速度の定義に出てくる「単位時間」とは?

速度は「単位時間当たりの変位の変化量」と言われることがあります。この単位時間とは基準となる時間の長さのことです。たとえば、速度を時速で表すときは「1時間あたり」、秒速で表すときは「1秒あたり」ということになります。物理の場合、単位時間を「1秒」にするのが一般的です。

速度の計算のしかた

では、実際に速度の計算をしてみます。

短距離走選手のAくんが直線のレーンの0mの位置から+50mの位置に移動したとします。
移動するのに8秒かかったとします。

こっち向きが正

移った地点の位置から元いた地点の位置を引くことで変位の量を計算できます。
この場合は+50mが移った位置、0が元いた位置ですから、
変位の量は+50m－0m＝+50mとなります。
この変位の量を時間で割ることで速度が計算できます。

$$速度 = \frac{変位の量}{かかった時間}$$

したがって、Aくんの速度は次のようになります。(s＝秒)

$$Aくんの速度 = \frac{+50m - 0m}{8s} = \frac{+50m}{8s} = 6.25m/s$$

次にBくんが同じトラックを走って+50mの位置から−30mの位置に移動したとします。

移動するのに10秒かかったとします。

この場合は−30mが移った位置、+50mが元いた位置ですから、

変位の量は−30m −（+50m）＝−80mとなります。

したがって、Bくんの速度は次のように計算できます。

$$Bくんの速度 = \frac{-30m - (+50m)}{10s} = \frac{-80m}{10s} = -8m/s$$

Aくんには正の符号、Bくんには負の符号がついていますが、これは向きを示しているだけです。

Aくんのスタートした地点を0にしてAくんの移動した位置やBくんのスタート位置、Bくんの移動した位置を示しましたが、レーンのどこを0にしても速度の値は同じです。

たとえば、Bくんが移動した−30mの位置を0としたとき、Aくん、Bくんの速度は次のように計算できます。

$$Aくんの速度 = \frac{+80m - (+30m)}{8s} = \frac{+50m}{8s} = 6.25m/s$$

$$Bくんの速度 = \frac{0m - (+80m)}{10s} = \frac{-80m}{10s} = -8m/s$$

加速度とは速度の変化する量

加速度とは、単位時間あたりに速度がどれだけ変化するかを表すものです。

たとえば、さっきのAくんがスタートしてから次のように速度を増していった
とします。

1秒あたり+2m/sずつ速度が増加しているということがわかります。この場
合の加速度は+2m/s²と表します。

この例からわかるように、加速度は次の式で求められます。

$$加速度 = \frac{速度の変化量}{かかった時間}$$

この式で計算してみると、

$$Aくんの加速度 = \frac{+6m/s - 0m/s}{3s} = 2m/s^2$$

と計算できます。

速度がベクトルなので、それを時間で割った加速度もベクトルになります。速度の向きと同じで加速度が正の値で表されるのなら、「速度は増加していく」ということです。

次はＡくんが速度を落として止まったときの様子です。

速度の変化量は0m/s －（+9m/s）＝－9m/s

となります。したがって、加速度は次のように計算できます。

$$Ａくんの加速度 ＝ \frac{0m/s －（+9m/s）}{3s} ＝ －3m/s^2$$

このように変位の向きで減速する加速度は負の値になります。

慣性の法則

慣性とは？

水平な道の上を自転車でまっすぐ走っているとき、一度勢いをつけてしまえば簡単には止まりません。

自転車の速度はしだいに減少して最後には止まりますが、これは地面とタイヤとの摩擦抵抗、身体や自転車にはたらく空気抵抗など、いろいろな抵抗が生じて勢いが失われるためです。

そういった抵抗がなく水平な道に終わりがなければ、自転車をこがなくても永遠に走り続けることができます。このように物体が運動を続けようとする性質のことを慣性といいます。

静止している物体は力を加えないかぎりそのまま静止し続け、動いている物体は力を加えないかぎり一定の速度で運動を続けることを慣性の法則といいます。

ちょっと補足 慣性は質量によってもたらされる性質

この慣性という性質は言い換えると、それまでの運動をし続けようとする性質です。さらに言い換えると、慣性とは物体の動かしにくさでもあります。動かしにくさとは、静止という運動状態も含めてそれまでの運動をし続けようとすることだからです。そして、P12で解説したように動かしにくさは質量によってもたらされていて、質量が大きいほど強い慣性がはたらきます。大きい質量を持つ物体ほど運動していたら止まりにくく、静止していたら動かしにくくなります。

図3-1 慣性の法則

 地面とタイヤの摩擦抵抗、空気抵抗などがまったくなかったら、動いている
自転車は永遠に動き続ける。

足を着いていたら押されても動かない。地面とタイヤ、地面と足の摩擦抵抗が大きいから。

足を地面から離したときに押されたら、しばらく進む。摩擦抵抗が小さくなったため。

摩擦抵抗も空気抵抗もなくなったら、自転車はこがなくても永遠に動き続ける。

運動の法則

物体に力が生じているときの法則

慣性の法則は、物体に力がはたらかないときの運動を説明する法則です。

それに対し、**運動の法則**は物体に力が作用しているときの運動を説明する法則です。

静止している物体に力が加わると、物体は動きを始めます。

それは、力によって物体が加速度を持つからです。大きな力が加わるほど大きな加速度が生まれます。

また、物体の質量が大きいほど動きにくくなります。

正確にはこのようなことがいえます。

●物体に加える力の向きと加速度の向きは一致する。

●物体に加える力が大きければ大きいほど加速度は大きくなる。
　（加速度は物体に加える力の大きさに比例する）（図4-1）

●物体の質量が大きければ大きいほど加速度は小さくなる。
　（加速度は物体の質量に反比例する）（図4-2）

AくんとBくんが同じ質量の荷物を運んでいる。BくんがAくんの2倍の力を加えたら、Bくんの荷物の加速度はAくんの2倍になる。

Aくんが2倍の質量の荷物に同じ大きさの力を加えたら、2倍の質量のほうは加速度が2分の1になる。

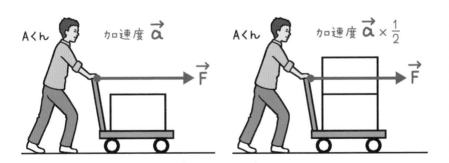

運動方程式

力と加速度の関係を数式で表したものが**運動方程式**です。

● 運動方程式

物体に加えた力 [N] ＝ 物体の質量 [kg] × 加速度 [m/s²]

$\quad$ F $\quad$ [N] ＝ $\quad$ m $\quad$ [kg] × $\quad$ a $\quad$ [m/s²] $\quad$ ←記号で表した場合

[F：force（力）、m：mass（質量）、a：acceleration（加速度）]

N（ニュートン）という単位は、P14で出てきた「1kgの物体に1m/s²の加速度を与える力を1Nとする」として定められたものです。

この式は次のように変形できます。

加速度 [m/s²] ＝ $\dfrac{\text{物体に加えた力 [N]}}{\text{物体の質量 [kg]}}$

質量が同じ物体の場合、加えた力が2倍になれば加速度が2倍になります。
また、加えた力が同じ場合、質量が2倍になれば加速度は1/2になることがこの式からわかります。

加速度が生じるのは力が作用している間だけ

運動の法則で注意したいのは、物体を動かす場合でも身体を動かす場合でも、加速度が生じて速度が変化するのは力が作用している間だけ、ということです。たとえば、台車で荷物を運ぶとき、台車が加速されるのは台車に力を加えている間だけです。台車から手を離した（力を加えるのをやめた）瞬間から台車は加速されることはなくなり、摩擦抵抗や空気抵抗を考えなければ、慣性の法則によって一定の速度で運動を続けます。

図4-3 運動方程式を使った計算

運動方程式を使うと力の大きさや加速度の大きさが計算できる。

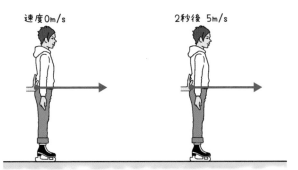

速度0m/s   2秒後 5m/s

問題　質量60kgの静止しているAくんが2秒後に5m/sまで
　　　加速するためには何ニュートン（N）の力が必要か？

解答　静止している状態から5m/sまで加速するのだから、
　　　速度の変化量＝5m/s－0m/s＝5m/s
　　　2秒後に5m/sまで加速するのだから、

$$加速度＝\frac{5m/s}{2s}＝2.5m/s^2$$

したがって、Aくんに加える力＝60kg×2.5m/s²＝150N
つまり、150Nの力を2秒間与え続けると、5m/sの速度を
得ることができる。

ちょっと補足　ニュートンの運動の法則

ここまでに出てきた力と運動の関係を法則としてまとめたのはイギリスの物理学
者・ニュートンです。

ニュートンの第1法則:慣性の法則（P94）

ニュートンの第2法則:運動の法則（運動方程式）

ニュートンの第3法則:作用・反作用の法則（P40）

物体に生じる重力の大きさを求める

P14で力の単位「ニュートン」について説明しましたが、

「質量1kgの物体を1m/s²の加速度で加速させる力を１N（ニュートン）とする」

と決められています。（図4-4）

運動方程式で表すと次のようになります。

$$1\,N \quad = \quad 1\,kg \quad \times \quad 1\,m/s^2$$

つまり、単位［N］ ＝ ［kg・m/s²］ ということです。

また、地球の重力による加速度のことを**重力加速度**といい、地表付近では約

10m/s²であることが知られています。重力加速度は記号**g**で表します。

P98の運動方程式より、物体に生じる重力の大きさは次のように求められます。

物体に生じる重力の大きさ ［N］ ＝ **物体の質量** ［kg］ × **重力加速度** ［m/s²］

　　　　F　　　 ［N］ ＝ 　　 m　 ［kg］ × 　　　 g 　　［m/s²］ ←記号で表した場合

P15で「質量60kgの人に生じる重力は600N」と言いましたが、これは運動

方程式を使って次のように求められます。

質量60kgの人に生じる重力 ＝ 60kg×10m/s² ＝ 600kg・m/s² ＝ 600N

（重力加速度は約9.8m/s²ですが、本書では約10 m/s²で説明します）

図4-4 力の大きさを表す単位「ニュートン」

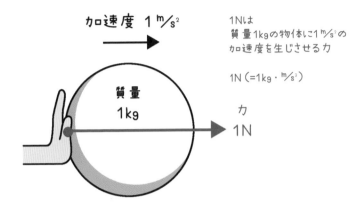

加速度 1 $\frac{m}{s^2}$

質量
1kg

力
1N

1Nは
質量1kgの物体に1$\frac{m}{s^2}$の
加速度を生じさせる力

1N（=1kg・$\frac{m}{s^2}$）

図4-5 物体に生じる重力の大きさを求める

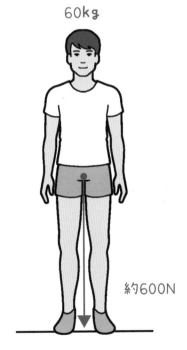

60kg

約600N

60kgの人に生じる重力=60kg×10m/s²
=600kg·m/s²=600N

変位と速度と 加速度のグラフ

変位と速度のグラフ

運動や姿勢を調べるときに、重心の変位や速度、加速度のグラフを描くことが よくあります。ここではその練習をしてみます。

まず、Aくんが自転車で5m/sの等速運動をしているときの重心の変位と速度 のグラフを描いてみます。計測して20秒後に100mの地点に到着したとします。

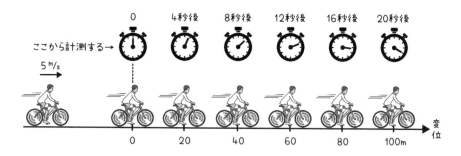

右ページにあるのが重心の変位と速度の変化のグラフです。

等速運動の場合、速度のグラフは水平になる（傾きがない）ことに注目してく ださい。逆に、速度のグラフに傾きがある場合は加速度が生じている、つまり、 何らかの力が生じていることを示しています。

図5-1 変位のグラフ

等速運動の場合、変位のグラフはこのような直線になる。

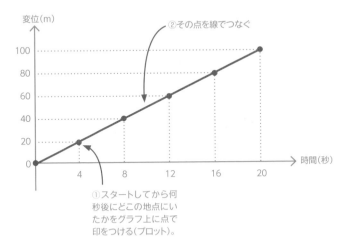

②その点を線でつなぐ

①スタートしてから何
秒後にどこの地点にい
たかをグラフ上に点で
印をつける（プロット）。

図5-2 速度のグラフ

等速運動の場合、速度が変わらないから、グラフは水平になる（傾きがない）。

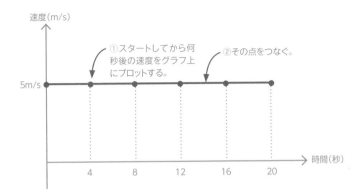

①スタートしてから何
秒後の速度をグラフ上
にプロットする。

②その点をつなぐ。

速度と加速度のグラフ

次に重心の速度と加速度のグラフを描いてみます。

Bくんが止まった状態から自転車をこぎ始めて加速し、スタートから5秒後に
こぐのをやめて等速で移動しました。そして15秒後にブレーキをかけて減速
し20秒後に止まったとします。

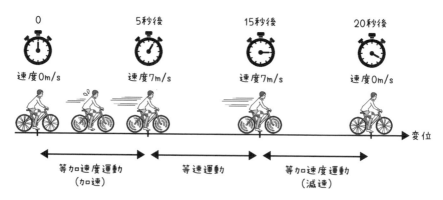

右ページにあるのは重心の変位と速度の変化を表すグラフです。進行方向を正
（＋）とします。

等加速度運動をしている最中は、速度のグラフが傾いています。速度のグラフ
が傾いているときは加速度運動をしている、すなわち力が生じている、という
ことを示しています。

また、加速度のグラフでも力が生じているのか、いないのかを見ることができ
ます。速度が変化しないときは加速度は0になります。5秒後に加速度が0にな
る、ということはこの時点で力がはたらかなくなったことを示しています。ま
た、15秒後に加速度が生じたということは、ここで力がはたらいたことを示
しています。

図5-3 速度のグラフ

加速度運動をしている間はグラフが傾くことに注目。グラフに傾きがある間は力が生じていることを示している。

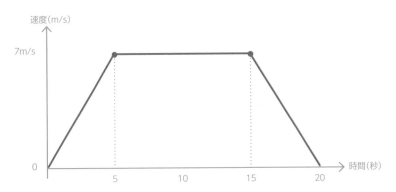

図5-4 加速度のグラフ

加速度が正の値、負の値をとるとき（0でないとき）は力が生じていることを示している。また、進行方向を正としたとき、減速している間は負の値になることに注意しよう。

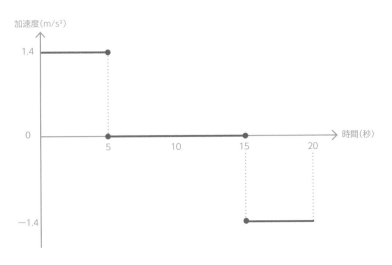

速度のグラフから変位を計算する

これらのグラフから読み取れることがほかにもあります。

まず、速度のグラフの線と時間軸で囲まれた面積が変位を表します。(図5-5)

例に出したBくんの変位を計算すると右図のように105mになります。
面積を比較することでAくんの変位（100m）よりもBくんのほうが変位
（105m）が大きかったことがわかります。

また、Bくんのシンプルな線のグラフだけでなく、図5-5の下のように速度が
複雑に変化するグラフであっても同じで、グラフと時間軸で囲まれた面積が変
位を表します。

速度のグラフの傾きから加速度がわかる

また、速度のグラフの線の**傾き**が**加速度**を表します。(図5-6)
傾きというのは変化の割合のことで、次の式で求められます。

$$傾き = \frac{速度の変化}{時間の変化}$$

この式で傾きが単位時間あたりの速度の変化を表していることがわかります。
傾きが大きいほど（傾斜が急なほど）加速度が大きい、つまり、その間にはた
らいた力が大きかったことを示します。

図5-5 速度のグラフから変位を計算する

グラフと時間軸で囲まれた面積が変位を表す。

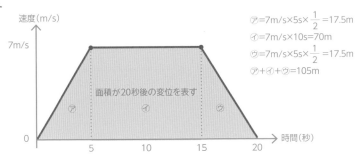

ア＝7m/s×5s×$\frac{1}{2}$＝17.5m

イ＝7m/s×10s＝70m

ウ＝7m/s×5s×$\frac{1}{2}$＝17.5m

ア＋イ＋ウ＝105m

速度(m/s)

7m/s

面積が20秒後の変位を表す

ア　イ　ウ

0　　5　　10　　15　　20　　時間(秒)

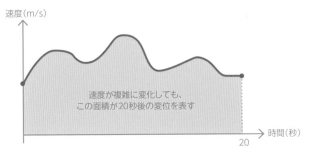

速度(m/s)

速度が複雑に変化しても、
この面積が20秒後の変位を表す

20　　時間(秒)

図5-6 速度の線の傾きから加速度を計算する

速度のグラフの線の傾きが加速度を表す。

Bくんのスタートから5秒後までの傾きは

傾き＝$\frac{+7m/s-0m/s}{5s}$＝+1.4m/s²

15秒後から20秒後までの傾きは

傾き＝$\frac{0m/s-(+7m/s)}{5s}$＝−1.4m/s²

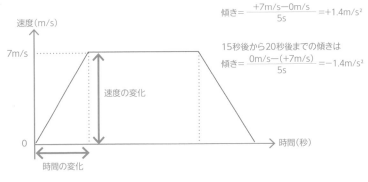

速度(m/s)

7m/s

速度の変化

0　　時間(秒)

時間の変化

変位と速度と加速度の関係

変位と速度、加速度の関係

ここでは、変位と速度、加速度の関係を詳しく見てみます。

図6-1は、Aくんがしゃがみ込みをしたときの様子と、重心の変位、速度、加速度をグラフで表したものです。

前項の自転車のグラフは理解しやすいように直線で描かれていますが、実際は止まっているものが動き出すときや、再び止まるときは直線ではなく、曲線を描きます。このグラフは実際の現象に則して曲線を描いています。このように身体動作のグラフは速度や加速度が一定でないことがよくあります。

変位のグラフは、①原点の位置、②正とする向きを決めます。この図では、地面の位置を原点、上下方向の上方向を正としています。

速度のグラフは、変位の向きにに対してどの方向に動くかで、正と負が決まります。変位では上方向が正ですから、しゃがみ込むときは負の速度になります。

加速度のグラフの正と負は混乱しやすいので注意してください。上方向が正ですから、下方向に加速しているときが負、減速しているときは正になります。

図6-1 スクワット時の重心の変位、速度、加速度のグラフ

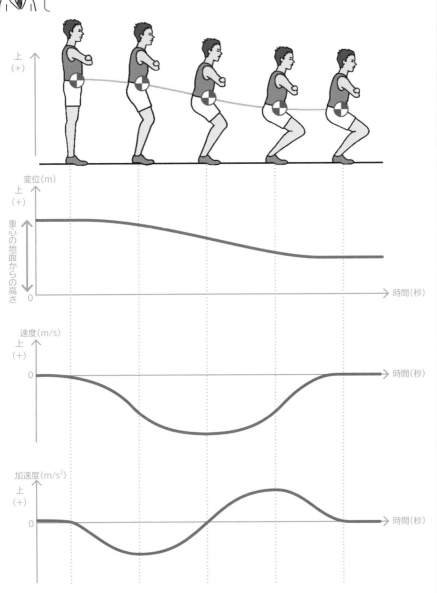

上方向を正とすると次のようなグラフになる。

変位(m)

速度(m/s)

加速度(m/s²)

変位を時間で微分すると速度になる

P102の自転車の場合は速度が一定でしたが、しゃがみ込みでの重心の速度は時間によって変化することがグラフからわかります。

下のグラフは、しゃがみ込み開始から終了まで1秒かかるとして0.2秒ごとに変位をプロットしたとき、また0.1秒ごとにプロットしたときのものです。正確な変位は青い線で表しています。時間間隔を短くしたほうが正確な変位に近いことがわかります。

◉0.2秒ごとに変位をプロットしたとき

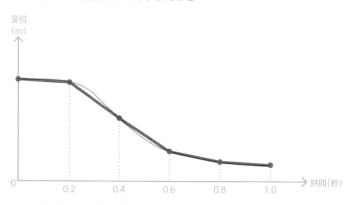

◉0.1秒ごとに変位をプロットしたとき

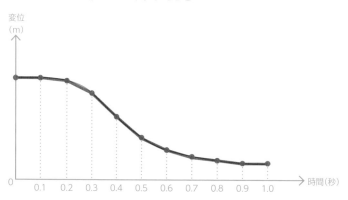

さて、変位をかかった時間で割ると速度になる、と説明しましたが、それはその時間での**平均速度**です。

速度が時間によって変化する場合、測定する時間間隔を短くすれば、より正確な平均速度を知ることができます。

この時間間隔をもっと短くしていくと、あるときの瞬間的な速度＝**瞬間速度**を知ることができます。

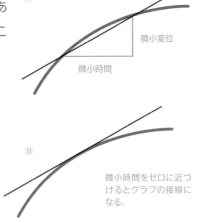

微小変位

微小時間

Ⓐ

Ⓑ

微小時間をゼロに近づけるとグラフの接線になる。

ごく短い微小時間での変位がわかれば、$\dfrac{微小変位}{微小時間}$ でその時間での平均速度が求められます。

これをグラフ上で示したのが右のⒶ図です。

$\dfrac{微小変位}{微小時間}$ は黒線で示した直線の傾きであることがわかります。平均速度とはこの直線グラフの傾きのことなのです。

次に、平均速度を瞬間速度に近づけるために微小時間をどんどん小さくしていくと、やがて点線は曲線に接する直線と一致します（Ⓑ図）。最終的には、変位のグラフに接する直線の傾きが瞬間速度を表すことになるのです。

このような操作を数学では**微分**といいます。変位を時間で微分したものが速度（瞬間速度）になるわけです。

P109の変位と速度のグラフを見てください。変位のグラフの接線の傾きが0のとき（水平のとき）、速度が0になっている、また、変位のグラフの接線の傾きが最も大きいとき、速度が最大になっていることがわかります。

重心の移動と
重力・床反力の関係

重力と床反力の大きさの違いで重心が動く

しゃがみ込み運動では重心が下に動きますが、この動きは何によって生じるのかを見ていきます。

静止した立位姿勢をとっているときは、重心に生じる重力と床反力がつり合っています。重心にはたらく力の合計がゼロになるため、重心は静止しています。

しゃがみ込みの最初では、床反力が重力よりも小さくなり、重心に下向きの力がかかるため、重心は下に動きます。

しゃがみ込みの最後では、床反力が重力より大きくなることで、下に動いている重心にブレーキがかかり、静止します。

人間は身体に生じる重力の大きさを変えることはできません。しかし、筋を使ったり、姿勢を変えたりすることで床反力を大きくしたり小さくしたりすることができます。それによって、重力と床反力のつり合いを崩し、重心を上下に動かしているのです。

図7-1 重力と床反力の大きさと重心移動

床反力の大きさを変えることで重心を動かしているんだ。

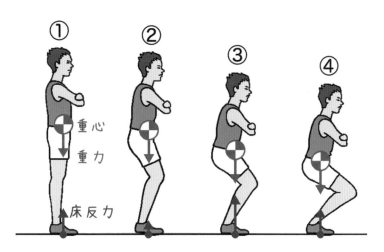

①静止した立位姿勢では、重力と床反力がつり合っているため、重心は静止する。

②しゃがみ込みの最初では、床反力が重力より小さくなり、重心は下に動く。

③しゃがみ込みの最後では、床反力が重力より大きくなり、下に動いている重心にブレーキがかかる。

④重心が静止する。重力と床反力がつり合っている。

床反力が身体の運動を作る

歩行と床反力の関係

しゃがみ込み動作にかぎらず、身体の運動は床反力をコントロールすることで作り出されます。歩行の例で説明しましょう。

歩行では片脚で体重を支えている時間が全体の8割ほどで、この時間を**単脚支持期**といいます。残りの2割は両脚で体重を支えていて、この時間を**両脚支持期**といいます。(図8-1)
単脚支持期では支持脚に床反力が、両脚支持期では前脚と後脚の両方に床反力が発生します。

後足に生じる床反力は前方に傾いているので、身体を前に動かす推進力としてはたらきます。
一方、前足にはたらく床反力は後方に傾いているので、後ろ向きの力がはたらきます。前脚の床反力は制動力(ブレーキ)としてはたらくわけです。(図8-2)

歩行では推進力だけでなく制動力もはたらいていて、2つの力のバランスで歩行速度をコントロールしているのです。

図8-1 歩行の周期

歩行では片脚で体重を支えている時間が全体の8割ほどで、残りの2割は
両脚で体重を支えているんだ。

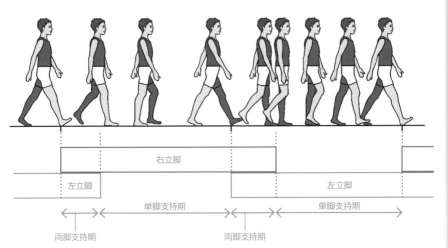

右立脚

左立脚

左立脚

単脚支持期

単脚支持期

両脚支持期

両脚支持期

図8-2 両脚支持期の床反力

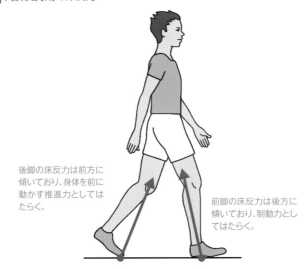

後脚の床反力は前方に
傾いており、身体を前に
動かす推進力としては
たらく。

前脚の床反力は後方に
傾いており、制動力とし
てはたらく。

PART 4

回転運動と
モーメント

keyword

モーメント（力のモーメント）

テコ

力点

支点

荷重点

モーメントのつり合い

レバーアーム

関節モーメント

関節間力

力点

支点

荷重点

回転運動とモーメント

力が物体を回転させる作用

並進運動は、回転せずに物体の位置だけが移動する運動のこと、
回転運動は、物体の位置が変わらず、回転する運動のこと、
といいました（→P84）。

物体に力を加えたとき、その力の作用線が物体の重心を通るときに物体は**並進運動**をします（図1-1）。

静止している物体に力を加えたとします。その力の作用線が物体の重心から離れていると、物体は並進運動をするとともに回転運動をします。（図1-2）
力が物体を回転させる作用（回転力）のことを**モーメント**、正確には**力のモーメント**といいます。

PART4ではモーメントが身体運動にどう関わるのかを見ていきます。

図1-1 並進運動

力を加えたとき、その力の作用線が物体の重心を通ると、
並進運動をする。

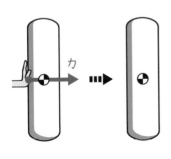

重心を通るように押すと並進運動をする。

図1-2 並進運動と回転運動

力を加えたとき、その力の作用線が物体の重心から離れていると、
並進運動とともに回転運動をする。

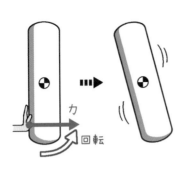

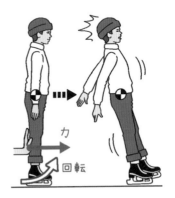

重心から離れて押すと位置が移動するとともに回転する（並進運動＋回転運動）。

回転運動とテコ

力を伝える棒状の機構

身体の動きに回転運動がどう関わっているか。それを知るには、**テコ**の知識が欠かせません。

テコとは、力を伝える棒状の機構のことです。
テコの1点に力がはたらいたとき、回転運動によってテコの別の点へ力を伝えることができます。

テコを使うと加えた力の大きさや動きの大きさを変えることができます。
人間の身体では、多くの部分で骨がテコとしてはたらいています。テコの作用によって筋の力と動きが伝わっているのです。

テコでは、力のはたらく点が3つあります。力を加える点を**力点**、回転の中心となる点を**支点**、力が伝わる点を**荷重点**といいます。
テコは、これら力点、支点、荷重点の位置によって、「第1のテコ」「第2のテコ」「第3のテコ」の3種類に分けることができます。

図2-1 第1のテコ

 第1のテコは、支点を挟んで力点と荷重点が位置するテコのことだ。

（第1のテコの例）

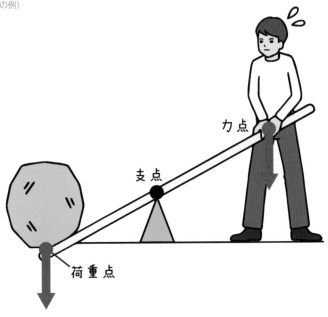

力点

支点

荷重点

力点にはたらく力＋荷重点にはたらく力

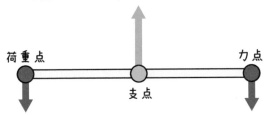

荷重点　　　　　　　力点

支点

図2-2 第2のテコ

第2のテコは、両端に支点と力点があり、荷重点がその間に位置するテコのこと。

（第2のテコの例）

力点

支点

荷重点

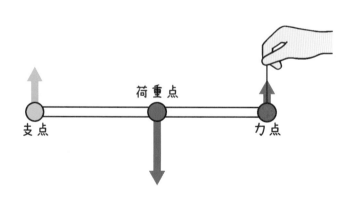

荷重点

支点　　　　　　　　　　　　　力点

図2-3 第3のテコ

第3のテコは、テコの両端に支点と荷重点が位置するテコのこと。

（第3のテコの例）

支点

力点

荷重点

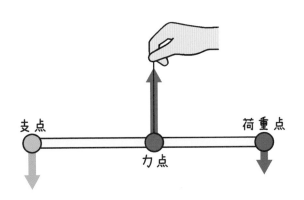

支点　　　　力点　　　　荷重点

123

力のつり合いとモーメントのつり合い

物体にいくつかの力がはたらいている状態で、その物体が静止していたとします。静止しているというのは、並進運動もしていないし回転運動もしていない、ということです。

右ページの静止しているテコの例で考えてみます。

重りに生じる重力によって、テコを下に押す力F_2が荷重点に作用しています。

また、もう一方の端でテコを下に押す力F_1が力点に作用しています。

テコを下に押す力（F_1とF_2）が支点にはたらき、その反作用によってF_3が支点からテコに作用します。

F_1とF_2を合わせた力の大きさはF_3の大きさと等しく、逆向きです。したがって、これらの力の合力はゼロになります。

また、力点のF_1によって、M_1の矢印で表される回転力が棒にはたらくことがわかります。このように力が物体を回転させようとする作用を**力のモーメント**、あるいは単に**モーメント**といいます。また、棒のもう一方には荷重点にはたらく力F_2によって、回転力M_2がはたらきます。これは力F_2による力のモーメントです。

「テコが静止している」というのは、モーメントM_1とモーメントM_2がつり合っている、ということです。

次項では、モーメントのつり合いについて説明します。

図2-4 力のつり合いとモーメントのつり合い

テコが静止している場合、テコにはたらいているすべての力、そしてすべてのモーメントがつり合っているんだ。

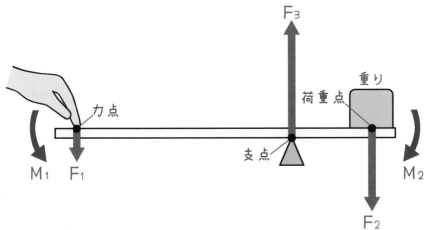

力点　F₁　M₁　F₃　荷重点　重り　支点　M₂　F₂

力のつり合い	モーメントのつり合い
下向きの力F_1とF_2の合力と上向きの力F_3がつり合っている。	力F_1によるモーメントM_1と力F_2によるモーメントM_2がつり合っている。

ちょっと補足　3種類のテコの覚え方

3種類のテコについて、力がはたらく3点のうち2点に挟まれるのは、第1、第2、第3の順に、支点、荷重点、力点となります。支・荷・力（シ・カ・リョク）と覚えましょう！

モーメントの つり合い

モーメントの大きさの求め方

では、「モーメントがつり合う」とはどういうことかを見ていきます。

まず、モーメントの求め方です。

力のモーメントは、力F［N］と支点から力Fの作用線まで引いた垂線L［m］を掛け合わせて求めます（図3-1の式を参照）。したがって、単位は［Nm］となります（垂線：垂直に交わる直線）。

また、垂線Lのことを**レバーアーム**といいます。

モーメントは大きさと向きを持つベクトル量です。

図3-2のように、テコがつり合っている場合、支点まわりに作用する右回りのモーメントと左回りのモーメントはつり合います。

モーメントのつり合いは、時計回りのモーメントと反時計回りのモーメントのつり合いといえます。

図3-1 モーメントの大きさの計算式

レバーアームが長ければ長いほど、また作用する力が大きければ大きいほどモーメントは大きくなる。

モーメント M[Nm] = 作用する力 F[N] × レバーアーム L[m]

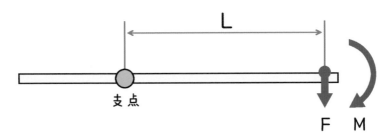

図3-2 モーメントのつり合い

モーメントはベクトル量なので、つり合いの状態にあれば右回りのモーメントと左回りのモーメントの値は等しくなる。

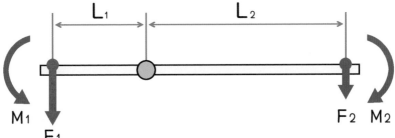

モーメント M_1 = 力 F_1 × レバーアームの長さ L_1
モーメント M_2 = 力 F_2 × レバーアームの長さ L_2
モーメントのつり合いとは、右回りのモーメントと
左回りのモーメントの値が等しくなること。
したがって、
$M_1 = M_2$
$F_1 × L_1 = F_2 × L_2$

レバーアームの長さの求め方

モーメントのつり合いについて、第1のテコで説明しましたが、第2のテコ、第3のテコでも同じように考えることができます。

第2のテコ、第3のテコの場合、レバーアームは図3-3のようになります。

ちょっと補足 **レバーアームの長さは作用線に引いた垂線の長さ**

前ページにあるテコの図と似ていますが、棒に対して力が斜めにはたらいています。この場合、レバーアームの長さは支点と力が加わっている点の距離になりません。支点から力の作用線に向けて垂線を引き、その交わった点から支点までの長さがレバーアームの長さになります。

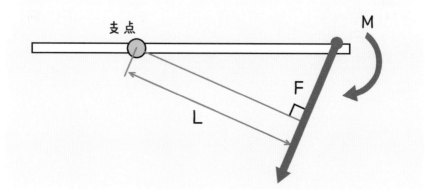

図3-3 テコの種類とレバーアーム

 支点から力の作用線に向けて垂線を引き、その交わった点から支点までの長さがレバーアームの長さになる。

第1のテコ

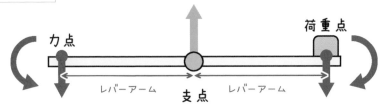

第2のテコ

第3のテコ

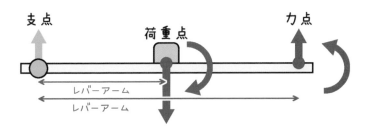

関節運動とテコ①
骨格筋のしくみ

筋が関節を動かすことで身体運動が作られる

関節と骨格筋の構造を知ることで、身体の中のテコが運動や姿勢にどう関わっているかがわかります。

身体の動きはさまざまな関節の動きが集まって作り出されています。
関節とは、骨と骨がつながっている箇所です。
関節をまたいでいる筋が力を発揮することによって、関節がその角度を変えることで身体の運動が生み出されます。

この関節を動かす筋のことを骨格筋といいます。
上腕二頭筋、大腿四頭筋、三角筋といった筋の名前を聞いたことがあるでしょう。これらが骨格筋です。他にも身体のあらゆるところに骨格筋があります。
なお、骨格筋は運動の源になる力を生み出すだけでなく、身体が静止しているときもその姿勢を維持するために力を発揮しています。

筋肉は縮む方向に力を発揮します。たとえば、上腕筋が縮むことによって肘関節は屈曲します（肘関節の角度が小さくなる）。筋肉は縮むように引っ張るだけなので動きは直線的です。それが関節をまたいでついているため、回転運動が起こるのです。

図4-1 関節と筋肉の配置　上腕筋の例

筋が力を発揮する（縮む）ことで関節の角度が変わる。

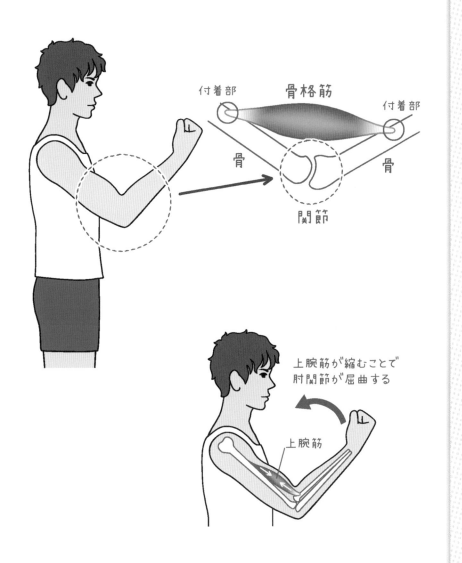

付着部　　骨格筋　　付着部

骨　　関節　　骨

上腕筋が縮むことで
肘関節が屈曲する

上腕筋

関節運動とテコ②
身体ではたらくテコ

テコとしてはたらく骨と関節と筋

肘関節の動きを例に、骨がテコとしてはたらいて関節がどのように動くかを説明します（図5-1）。

人間の身体の場合、筋と骨がくっついている付着点が**力点**、関節が**支点**、抵抗力がはたらく点が**荷重点**となります。

肘関節では、支点と荷重点の長さに比べ支点と力点の長さがとても短いことがわかります。モーメントのつり合いを保つためには、荷重点にかかる力に比べて筋が大きな力を発揮する必要があります。

図5-1 テコとしてはたらく身体の部分

上腕筋と骨の接合部である付着点が力点、関節が支点、抵抗力がはたらくところが荷重点となる。

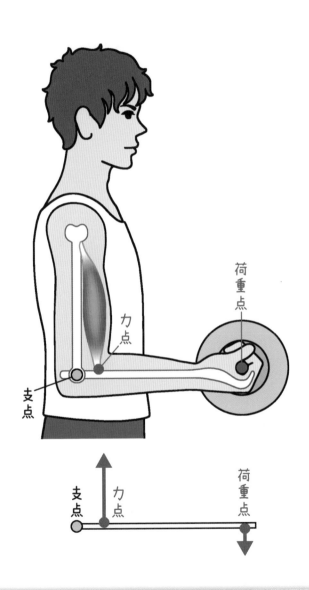

関節運動と
関節モーメント①

関節まわりではたらく筋力によるモーメント

ここでは肘関節のまわりで生じるモーメントについて見てみましょう（図6-1）。

右のイラストは肘関節を支点とした第3のテコになります。荷重点はダンベルの重力がかかる手に、力点は筋がついている前腕にある骨です。抵抗力に対して筋力を発揮してつり合いの状態を保っているところです。

関節まわりにはたらくモーメントのうち、筋力によるモーメントのことを**関節モーメント**といいます。この図ではM_2がそうです。

関節モーメントはダンベルに生じる重力によるモーメントM_1に対抗して発揮されます。

これらのモーメントのつり合いを数式で表すと次のようになります。

$M_1 = M_2$

$F_1 \times L_1 = F_2 \times L_2$

図6-1 関節モーメント

ダンベルに生じる重力によるモーメントM_1に対抗して、上腕二頭筋が筋力を発揮して関節モーメントM_2が生じ、M_1とM_2がつり合っている状態だ。

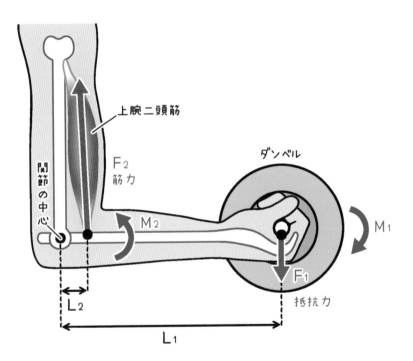

上腕二頭筋

ダンベル

関節の中心

F_2 筋力

M_2

M_1

F_1 抵抗力

L_2

L_1

関節モーメントを生じさせる筋力を計算する

L_1と比べてL_2はとても短いので、筋肉は非常に大きな力F_2を発揮して、M_1に対抗する関節モーメントM_2を生み出す必要があります。

10kgのダンベル（10kg×約10m/s²＝約100Nの重力）を持つときの筋力F_2を次の値で計算してみるとすぐにわかります。

右図を見てください。
関節の中心（支点）からダンベルの重力が生じる荷重点までの距離L_1を30cm（0.3m）、関節の中心（支点）から上腕二頭筋の付着部（力点）までの距離L_2を3cm（0.03m）とします。

P134の式より

$$100N \times 0.3m = F_2 \times 0.03m$$

$$F_2 = \frac{100N \times 0.3m}{0.03m}$$

$$= 1000N$$

「バーベルに生じる重力の10倍の力が必要だなんて非効率では？」と思われるかもしれません。しかし、力点を少し動かす（筋を少し短縮する）だけで、作用点が大きく動くことが図からわかるでしょう。テコにはこのようなメリットがあるのです。

図6-2 関節モーメントを生じさせる筋力の計算

第3のテコでは、抵抗力に比べて大きな力を発揮しないと、モーメントはつり合わない。

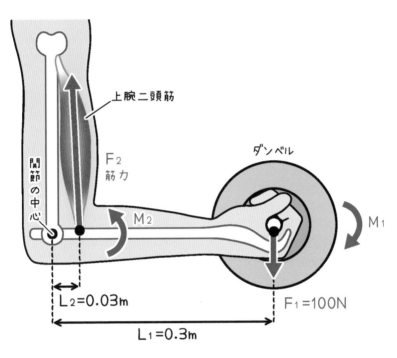

上腕二頭筋

F_2
筋力

関節の中心

ダンベル

M_2

M_1

$L_2 = 0.03m$

$F_1 = 100N$

$L_1 = 0.3m$

しかし、力点を少し動かすだけで、荷重点が大きく動くことがわかる。

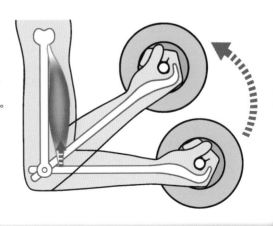

関節運動と
関節モーメント②

膝関節と股関節でのテコの例

ここでは姿勢を保つために関節モーメントがどのようにはたらいているかを見ていきましょう。膝関節と股関節を曲げた姿勢で、膝関節のまわり、股関節のまわりに生じるモーメントを考えてみます（図7-1、7-2）。

図7-1は、膝関節のまわりに生じるモーメントを表しています。
膝関節を支点として床反力によるモーメントが青い矢印のように生じていることがわかります。静止した姿勢を保ち続けるには、この青い矢印とつり合うモーメントを生じさせる必要があります。それが赤い矢印で書いたモーメントです。これは膝関節を伸展（伸ばす）させる筋による関節モーメントです。

図7-2は、股関節のまわりに生じるモーメントを表しています。
股関節を支点として床反力によるモーメントが青い矢印のように生じています。静止した姿勢を保ち続けるには、赤い矢印で書いた股関節を伸展させる筋による関節モーメントが必要です。

立位姿勢に比べて、膝関節、股関節を曲げた姿勢を維持するのが難しいのは、その姿勢を維持するための関節モーメントを発揮し続ける必要があるからです。

図7-1 床反力によって膝関節に生じるモーメント

{ 膝関節を支点と考えると…

脛部（すね）に青い回転方向のモーメントが生じる。これに対抗して姿勢を維持するには、膝関節を伸ばす向きに関節モーメントを生じさせる必要がある。

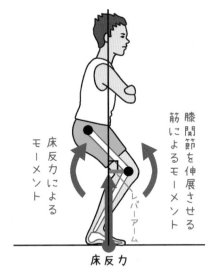

床反力によるモーメント

膝関節を伸展させる筋によるモーメント

レバーアーム

床反力

図7-2 床反力によって股関節に生じるモーメント

{ 股関節を支点と考えると…

大腿部に青い回転方向のモーメントが生じる。これに対抗して姿勢を維持するには、股関節を伸ばす向きに関節モーメントを生じさせる必要がある。

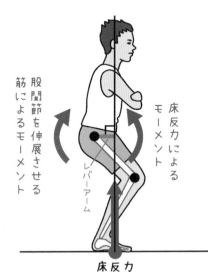

股関節を伸展させる筋によるモーメント

床反力によるモーメント

レバーアーム

床反力

関節に生じる力を求める

膝と腰を曲げた姿勢では、膝関節や股関節に大きな力が生じることが経験的にわかるでしょう。
関節に生じる力のことを**関節間力**といいます。

関節間力の大きさは、筋力や重力によって生じた力の大きさの総和によって求められます。関節まわりで発揮される関節モーメントが大きいときは、筋肉が大きな力を発揮して関節を圧迫しているので関節間力が大きくなります。

つま先立ちをすると足関節に大きな力が生じることがわかります。（図7-3）
つま先立ちでは、足関節を支点とした床反力によるモーメントに対抗するために腓腹筋の筋力（F_2）によるモーメント（M_2）が生じます。このときの腓腹筋の筋力は床反力の何倍にもなります。
足関節にはこの筋力と床反力の合力である関節間力がはたらくのです。

図7-3 つま先立ちのとき足関節にかかる関節間力

つま先立ちで静止して、床反力によるモーメントと
関節モーメントがつりあっている状態。

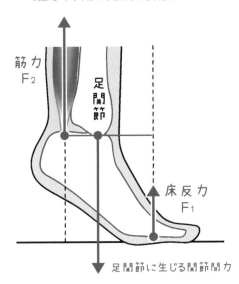

筋力 F_2

足関節

床反力 F_1

足関節に生じる関節間力

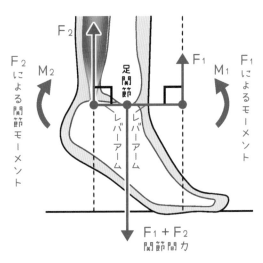

F_2

F_2による関節モーメント

M_2

足関節

レバーアーム

レバーアーム

F_1

M_1

F_1によるモーメント

$F_1 + F_2$
関節間力

足関節には、床反力F_1と腓腹筋の筋力F_2の合力がかかり、
その合力とつり合う関節間力がはたらく。

姿勢と関節モーメント①

腰の関節への負担を関節間力で求める

姿勢によって腰の関節に生じる関節間力がどう変わるかを見てみます。

右図の上はまっすぐ立った姿勢のとき、上半身の重心に生じる重力と背筋に生じる筋力を表したものです。
右図の下は少しお辞儀をしたときの、重力と背筋力を表したものです。
腰の関節を支点として考え、上半身の重心の位置を荷重点、背筋力が作用する位置を力点として考えます。

お辞儀の角度が深くなればなるほど荷重点が支点から離れるため、重力によるモーメントが大きくなります。このモーメントとつり合いをとるためには背筋力による関節モーメントも大きくする必要があります。

てこの支点に生じる力は力点と荷重点に生じる力の合計によって求められます（P141）。腰の関節の関節間力は背筋力と上半身の重心に生じる重力の和によって求められます。したがって、お辞儀の角度が深くなるほど、関節モーメントが大きくなり、筋力も大きくなるので、関節間力も大きくなります。

図8-1 姿勢によって変わる関節モーメント

 お辞儀の角度が深くなるほど、関節間力が大きくなるんだ。

まっすぐ立った姿勢

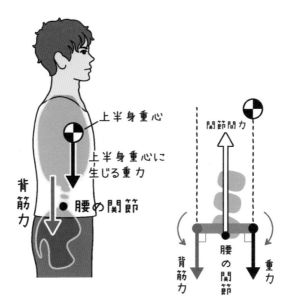

少しお辞儀をした姿勢

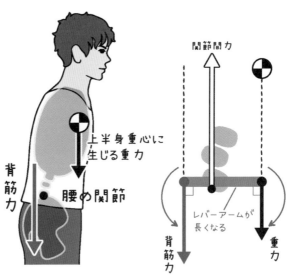

姿勢と
関節モーメント②

関節モーメントを意識した荷物の持ち上げ

しゃがんで両手で荷物を持ってから立ち上がる動作では、姿勢の悪さが原因で腰を痛めることがあります。

関節モーメントを意識して持ち上げると腰の負担を減らすことができます。

お辞儀の例では、上半身の重心に生じる重力だけを考えればよかったのですが、荷物を持ち上げるときには荷物の重心にかかる重力も考える必要があります。荷重点が2つあるイメージです。

2つの荷重点を1つにまとめるには、重心の合成の考え方を使います（P22）。合成重心に生じる重力は、それぞれの重心に生じる重力の合計です。（図9-1）

支点は腰の関節、荷重点は合成重心でここに上半身と荷物の合計の重さがはたらくと考えて、腰の関節に生じる関節間力を考えてみます。（図9-2）

図9-1 荷物の重心と上半身の重心を合成する

 上半身と荷物に生じる重力の合計が合成重心にかかると考える。

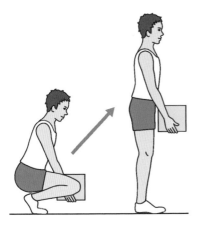
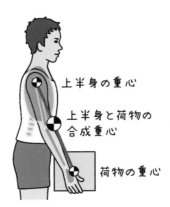

上半身の重心

上半身と荷物の
合成重心

荷物の重心

図9-2 腰の関節ではたらくモーメントを考えるには

 腰の関節を支点、上半身と荷物の合成重心を荷重点、背筋力が生じる点を
力点として考える。

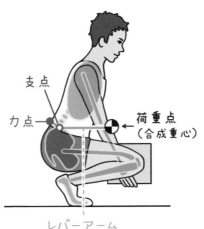

支点

力点

荷重点
(合成重心)

レバーアーム

145

レバーアームを短くするには

図9-3のⒶのように、腰が曲がっていると、身体と荷物の間が離れます。すると、合成重心と腰の支点が離れることになり、レバーアームが長くなります。
この状態で荷物を持ち上げると、合成重心に生じる重力によるモーメントが大きくなります。

Ⓑは、身体を荷物に寄せているので、レバーアームが短くモーメントも小さくなっています。ⒶはⒷよりもレバーアームが2倍ほど長いので、モーメントも2倍に増えています。

荷重によるモーメントに対抗して背筋による関節モーメントが発揮されますが、この関節モーメントのレバーアームは、荷重に対するレバーアームほど大きく変わることはありません。すると、関節モーメントを増やすには筋が大きな力を出す必要があります。
背筋が発揮する力はⒶのほうがⒷより大幅に大きくなります。したがって、腰を曲げた荷物の持ち上げは筋に大きな負担がかかり、さらには関節間力が増えることから関節にも大きな負担を強いることになります。

関節モーメントを小さくするためには腰の関節を荷物に近づけてレバーアームを短くすればよいわけです。

図9-3 姿勢とレバーアームの長さの関係

荷重点と支点が離れるとレバーアームが長くなる。
その分、モーメントが大きくなる。

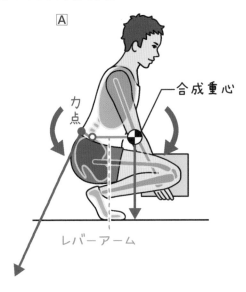

A

合成重心

力点

レバーアーム

荷重点と支点が近づくとレバーアームが短くなる。
その分、モーメントが小さくなる。

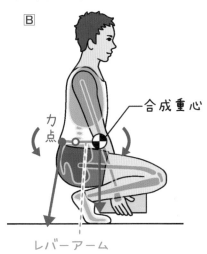

B

合成重心

力点

レバーアーム

147

PART 5

エネルギーと
パワー

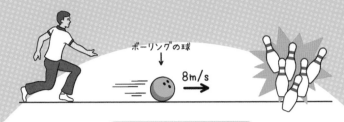

ボーリングの球

8m/s

keyword

仕事
仕事の単位：J（ジュール）
力学的エネルギー
運動エネルギー
位置エネルギー
エネルギー保存の法則

仕事率
パワー
仕事率の単位：W（ワット）
関節パワー
筋の収縮様式

Aくん

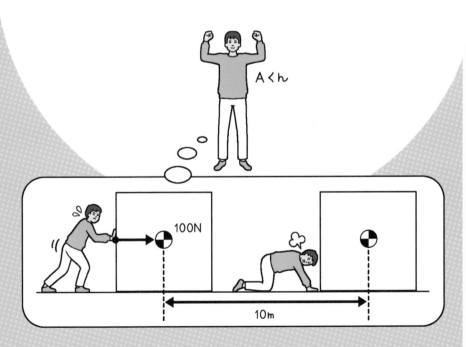

100N

10m

仕事

仕事とは?

仕事といえば、ふつうは会社などではたらくことをいいますが、バイオメカニクスではちがいます。

バイオメカニクスでは、ある人が物体に力を加えて動かしたとき、その人は**「仕事をした」**といいます。

その量は、加えた力の大きさと物体が動いた距離（移動距離）で計算されます。

仕事 ＝ 力の大きさ × 移動距離

Aくんが10Nの力で物体を力の方向に3m動かしたとき、Aくんがした仕事は次のように計算できます（図1-1）。

Aくんがした仕事 = 10N × 3m = 30N·m
（物体がされた仕事）

このN·m（ニュートン・メートル）という単位ですが、物理ではJ（ジュール）という単位に替えることになっています。つまり、この物体には30Jの仕事がされたということです。

なお、スカラー量である「力の大きさ」に移動距離を掛けて求める量なので、仕事はスカラー量です。

図1-1 仕事とは物体に加えた力の大きさと移動距離をかけたもの

1Jは1Nの力で物体を力の方向に1m動かしたときの仕事と定義されている。

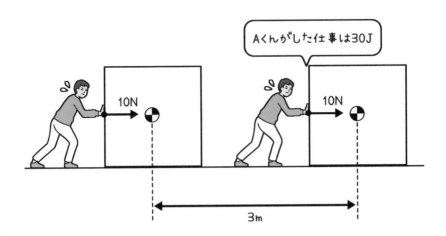

Aくんがした仕事は30J

物体には重力がはたらいているが、移動する方向に対して垂直にはたらいているから、移動には関与していない。つまり、重力がした仕事は0だ。

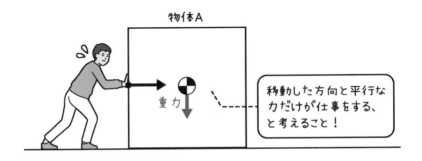

移動した方向と平行な力だけが仕事をする、と考えること！

力学的エネルギー

エネルギーとは？

物理でいう**エネルギー**とは、「どのくらいの仕事をすることができるのか」を表したもの、言い換えれば、「仕事をする能力」を表したものです。単位は仕事と同じ J（ジュール）です。

たとえば、Aくんが1000Jのエネルギーを持っているとしたら、Aくんは「1000Jの仕事をする能力がある」といえます（図2-1）。

なお、エネルギーも仕事と同様、スカラー量です。

力学的エネルギーとは？

エネルギーには、熱エネルギーや電気エネルギーなどいろいろな形態がありますが、バイオメカニクスでは、物体の運動に関係する**力学的エネルギー**を扱います。

力学的エネルギーには、**運動エネルギーと位置エネルギー**があります。

エネルギーは仕事をする能力を表す量

Aくんが物体を100Nの力で10m動かす能力を持っていたとしたら、Aくんの持つエネルギーは次のように計算できる。
Aくんの持つエネルギー＝100N×10m＝1000J

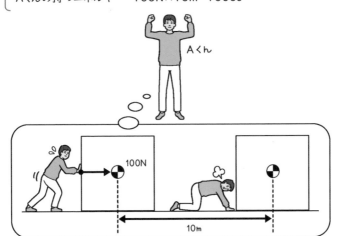

さまざまなエネルギー

いろんなエネルギーのうち、バイオメカニクスでは物体の運動に関係する運動エネルギーと位置エネルギーを扱う。

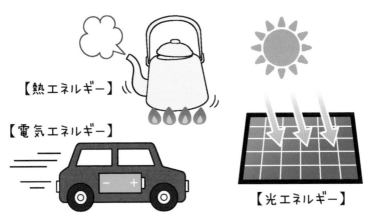

【熱エネルギー】

【電気エネルギー】

【光エネルギー】

運動エネルギーとは？

運動エネルギーとは、運動している物体が持つエネルギーのことです。

質量M[kg]の物体Aが速さv[m/s]で運動するときの運動エネルギーは次の式
で求められます。

物体Aの運動エネルギー $= \dfrac{1}{2}Mv^2$[J]

位置エネルギーとは？

高い位置にある物体は落下することで仕事をすることができます。
このように高い位置にある物体は、高い位置にあるというだけでエネルギーを
持っているといえます。これを**位置エネルギー**といいます。
物体は落下することで仕事をするので、重力によって得られるエネルギーとい
えます。このことから**重力による位置エネルギー**という言い方もします。

高さh[m]にある質量M[kg]の物体Aが持つ位置エネルギーは次の式で求めら
れます。

物体Aの位置エネルギー $=$ Mgh[J]
（gは重力加速度[m/s²]）

図2-3 運動エネルギーの計算

質量5kg、速さ8m/sで動いているボーリング球の運動エネルギーは次のように計算できる。

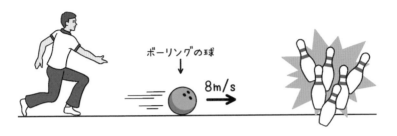

ボーリングの球

8m/s

ボーリング球の運動エネルギー

$= \frac{1}{2} \times 5\text{kg} \times (8\text{m/s})^2 = \frac{5 \times 64}{2}$ kg·m/s²·m = 160N·m = 160J

ボーリング球がボーリングのピンにぶつかって静止した(運動エネルギーが0になった)とすると、ボーリング球は「ボーリングのピンに160Jの仕事をした」といえる。

図2-4 位置エネルギーの計算

質量5kg、床からの高さ1mのところに置いてあるボーリング球の位置エネルギーは次のように計算できる。
(重力加速度g=10 m/s²とする)

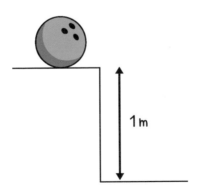

1m

ボーリング球の位置エネルギー

$= 5\text{kg} \times 10\text{m/s}^2 \times 1\text{m} = 50\text{kg·m/s}^2\text{·m} = 50\text{N·m} = 50\text{J}$

エネルギー保存の法則

エネルギーは変換される

高い位置から物体が落ちる状況を考えてみます（図3-1）。

最初その物体は運動していませんから運動エネルギーは0です。

手を離して物体を落下させると、物体は速度を持ちますから運動エネルギーを持つことになります。また、重力によって加速されますから速さが増える、すなわち運動エネルギーも増えていきます。

しかし、物体の速度が増すにつれて位置は低くなっていきますから、位置エネルギーは減っていきます。

位置エネルギーが減った分、運動エネルギーが増えているのです。これを**位置エネルギーが運動エネルギーに変換された**、といいます。

このようにエネルギーは他のエネルギーに変換することができます。

図3-1 位置エネルギーの運動エネルギーへの変換

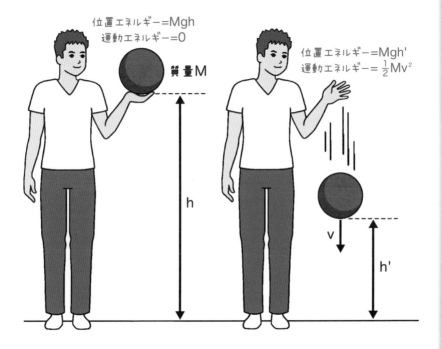

 高さhの位置から
質量Mの物体を
落とすと…

 物体の位置は低く
なり、物体は速度
を持つ。

位置エネルギー＝Mgh
運動エネルギー＝0

質量M

位置エネルギー＝Mgh'
運動エネルギー＝$\frac{1}{2}$Mv²

h

v

h'

 高さhからh'に低くなったから位置エネルギーが減少、その分運動エネルギーが増えたと言える。

エネルギー保存の法則とは？

ボールの落下の例で「位置エネルギーが減った分、運動エネルギーが増えている」といいましたが、摩擦などの影響を考えなければ、重力などの力を受けて運動する物体の持つ運動エネルギーと位置エネルギーの両者を足し合わせた量（総量）は変わらない、という法則があります。これを**エネルギー保存の法則**といいます。

力学的エネルギー ＝ 運動エネルギー ＋ 位置エネルギー

は不変ということです。

ジェットコースターを例に考えてみます（図3-2）。

ジェットコースターには動力がありません。高いところから落ちる勢いだけで走ります。

いちばん低い位置⑥を基準として高さをとり、いちばん高い位置①で静止してから走ることにします。摩擦熱、振動などの発生は考えないことにします。

①では速度0ですから運動エネルギーは0、位置エネルギーは最大になります。その後、速度と高さを変えながら進んでいきますが、どの地点でも運動エネルギーと位置エネルギーの総量は変わりません。

基準点である位置⑥では位置エネルギーは0、運動エネルギーは最大になります。

上昇して高さを得ると速度が減り、下降して高さが減るとその分の速度が上がるわけです。

図3-2 ジェットコースターで考えるエネルギー保存の法則

どの地点でも［運動エネルギー＋位置エネルギー］は変わらない。両者のエネルギーの相互変換によって速さと高さが増減する。

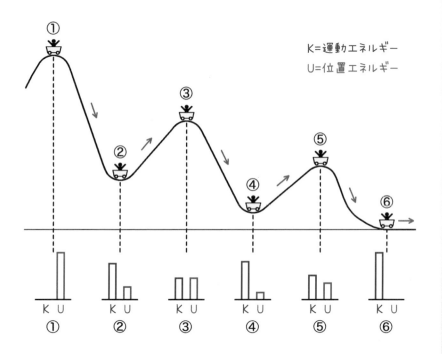

K=運動エネルギー
U=位置エネルギー

エネルギー保存の法則でわかること

エネルギー保存の法則を使って速さを求める

エネルギー保存の法則を使うと、運動する物体の速さや高さを求めることができます。先ほどのジェットコースターの最高速度を求めてみます。

基準点である最も低い位置⑥の高さを0とすると、最も高い位置①の高さは80mです。ジェットコースターの質量をM [kg]、重力加速度を10m/s^2、①での速度は0で、摩擦熱、振動などの発生は考えないことにします。

すると、①での位置エネルギーがすべて⑥での運動エネルギーに変換されることになります。

また、P154の計算式を使って①と⑥でのエネルギーの総量を求めてみます。

①でのエネルギーの総和 ＝ 0J+M [kg] ×10m/s^2×80m=800M [J]

⑥でのエネルギーの総和 ＝ $\frac{1}{2}$Mv^2 [J] ＋ 0J

エネルギー保存の法則から

$\frac{1}{2}$Mv^2 [J] ＝ 800M [J]

質量は両辺で同じなので、$\frac{1}{2}$v^2 ＝ 800m^2/s^2

v^2 ＝ 1600m^2/s^2

v ＝ $\sqrt{1600\text{m}^2/\text{s}^2}$ ＝ 40m/s

と計算できます。

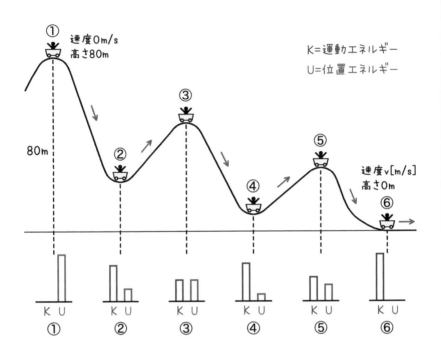

図4-1 ジェットコースターの例で速度を求める

① 速度0m/s 高さ80m

K=運動エネルギー
U=位置エネルギー

③

⑤

② 速度v[m/s] 高さ0m

④

⑥

80m

K U ① K U ② K U ③ K U ④ K U ⑤ K U ⑥

位置⑥以外でも高さがわかれば、速度の計算ができる。

②の高さが30m、速さを v' とすると、

②でのエネルギーの総和

$$= \frac{1}{2}Mv'^2[J] + M \times 10m/s^2 \times 30m = \frac{1}{2}Mv'^2[J] + 300M[J]$$

エネルギー保存の法則から

$$\frac{1}{2}Mv'^2 + 300Mm^2/s^2 = 800Mm^2/s^2$$

$$\frac{1}{2}v'^2 + 300m^2/s^2 = 800m^2/s^2$$

$$v'^2 = (800-300)m^2/s^2 \times 2 = 1000m^2/s^2$$

$$v' = \sqrt{1000m^2/s^2} = 31.6\ m/s$$

エネルギー保存の法則を使って高さを求める

次にエネルギー保存の法則を使って、ジャンプの高さを求めてみましょう（図 4-2）。

Aくんが初速度3.0m/sで真上へジャンプしました。Aくんの身体重心は何m 上昇するでしょうか。ジャンプ時の姿勢は直立しているものとし、重力加速度 10m/s²、Aくんの質量M[kg]、求める重心の高さの変化をh[m]とします。

地面で直立しているときの重心の位置が高さ0の基準点とします。ジャンプ時に足が地面から離れた瞬間は初速度3.0m/sで高さが0、そして重心最高点で速度は0、高さはh[m]となります。ジャンプの瞬間のエネルギーの総量と重心最高点でのエネルギーの総量を求めます。

$$\text{ジャンプの瞬間のエネルギーの総量} = \frac{1}{2} \times M \, [kg] \times (3.0m/s)^2 + 0$$
$$= 4.5M \, [J]$$
$$\text{重心最高点のエネルギーの総量} = 0 + M \, [kg] \times 10m/s^2 \times h \, [m]$$
$$= 10Mh \, [J]$$

エネルギー保存の法則により、両者はイコールだから、

$10Mh \, [J] = 4.5M \, [J]$

質量は両辺で同じなので、$10m/s^2 \times h = 4.5m^2/s^2$

$h = 0.45m$

ジャンプの高さは質量によらず初速度で決まるのです。

図4-2 ジャンプの高さを求める

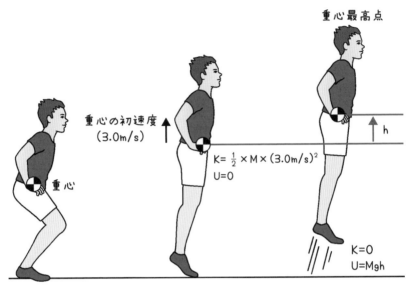

重心最高点

重心の初速度
（3.0m/s）

重心

$K = \frac{1}{2} \times M \times (3.0m/s)^2$
$U = 0$

h

$K = 0$
$U = Mgh$

重心最高点では、運動エネルギーが全て位置エネルギーに変換される

ジャンプの高さは初速度で決まる。

初速度を4.0m/s、重心最高点の高さをh'とすると、

ジャンプの瞬間のエネルギーの総量 $= \frac{1}{2} \times M[kg] \times (4m/s)^2 + 0$
$\qquad\qquad\qquad\qquad\qquad = 8M[J]$

エネルギー保存の法則から

$10m/s^2 \times Mh' = 8m^2/s^2 \times M$

h' = 0.8m

初速度が1.0m/s変わると、重心最高到達点は35cm変わる。

パワーと仕事率

パワーとは？

スポーツではよくパワーという言葉を使います。

「もっとパワーをつけたい」という言い方からわかるように

パワーと力は同じもの、と考えている方は多いと思います。

しかし、バイオメカニクスではパワーと力は異なります。

荷物を運ぶ例で考えてみましょう（図5-1）。

50N（ニュートン）の力で箱を1m運ぶと、50Jの仕事が行われたことになります。

ところが、運ぶのにかかった時間が1秒と5秒とでは、その仕事の様子が違うことがわかります。

この場合の仕事のスピード感を測る量のことを**仕事率**といい、仕事を時間（秒）で割って求められます。つまり、1秒あたりにどれだけ仕事をするかを表します。単位は[W]（ワット）で、これはJ/sと同じです。この仕事率のことを**パワー**といいます。

$$仕事率（パワー）[W] = \frac{仕事 [J]}{かかった時間 [s]}$$

なお、スカラー量の仕事をかかった時間で割って求める量なので、パワーはスカラー量です。

図5-1 仕事率(パワー)の求め方

AくんもBくんも荷物に加えた力の大きさは50N、移動した距離5m。
荷物を運ぶのにAくんは5秒、Bくんは1秒かかったとする。

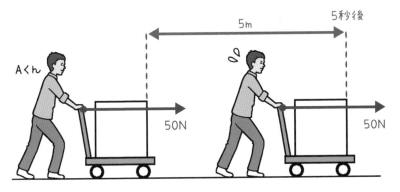

Aくんがした仕事 = 50N × 5m = 250J

$$Aくんのパワー = \frac{250J}{5s} = \frac{50J}{s} = 50W$$

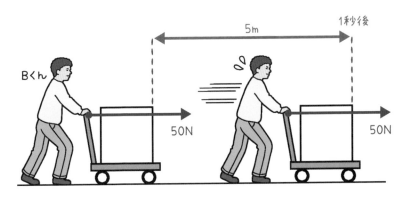

Bくんがした仕事 = 50N × 5m = 250J

$$Bくんのパワー = \frac{250J}{1s} = \frac{250J}{s} = 250W$$

同じ仕事でもかかった時間が短いほうがパワーが大きいことがわかるね。

パワーの求め方

パワーの計算について、もう少し詳しく考えてみます。

$$\text{パワー} = \frac{\text{仕事}}{\text{かかった時間}}$$

$$\text{仕事} = \text{力} \times \text{移動距離}$$

この2つの式より、

$$\text{パワー} = \frac{\text{力} \times \text{移動距離}}{\text{かかった時間}}$$

と計算することができます。

この式の中で $\dfrac{\text{移動距離}}{\text{かかった時間}}$ は速度のことですから、

パワー ＝ 力 × 速度

となります。

まとめると、あるものがより大きな力によってより速く動けば、そのときのパワーは大きいということです。（図5-2）

同じ力を使って同じ仕事をしても、それが遅い動きで行われたなら、パワーは小さくなります。また、大きな力を使っても動かない（速度が0）なら、パワーは0になります。力が大きい＝パワーが大きい、とはいえないのです。

図5-2 力と速度とパワーの関係

 ｛ AくんもBくんも荷物に加えた力の大きさは50N、
Aくんは1m/sの速度、Bくんは5m/sの速度で荷物を運んだとする。

Aくんのパワー ＝ 50N × 1m/s ＝ 50N・m/s ＝ 50J/s ＝ 50W

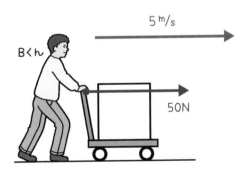

Bくんのパワー ＝ 50N × 5m/s ＝ 250N・m/s ＝ 250J/s ＝ 250W

 ｛ 同じ力でも速度が速ければ、パワーは大きいということがわかるね。

関節パワー

回転運動でのパワーを表すには

前節でのパワーの計算は物体が並進運動をするときの計算方法です。回転運動による仕事や仕事率の計算では、PART4で出てきた**力のモーメント**を使います。回転運動による仕事は、次の式で求められます。

回転運動による仕事 ＝ 力のモーメント × 角度の変化

これをかかった時間（秒）で割ったものが回転運動の仕事率になります。

回転運動による仕事率 ＝ 力のモーメント × $\dfrac{\text{角度の変化}}{\text{かかった時間}}$

角度の変化÷かかった時間は、単位時間の角度の変化（1秒間に何度角度が変わるのか）を表しています。これを**角速度**といいます。
したがって、上の式は次のように変形できます。

回転運動による仕事率 ＝ 力のモーメント × 角速度

特にこれまで見てきたような関節運動という回転運動の場合の仕事率＝パワーを**関節パワー**といいます。したがって、
関節パワー ＝ 関節モーメント×角速度
となり、関節モーメントが1秒あたりにする仕事がわかります。

図6-1 関節モーメントと関節パワー

 関節モーメントは、筋力によるモーメント（回転させる作用）のこと。
下のイラストは上腕二頭筋や上腕筋による関節モーメントを表している。

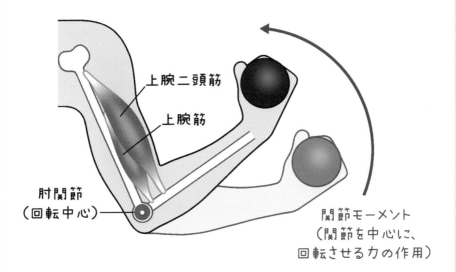

上腕二頭筋

上腕筋

肘関節
（回転中心）

関節モーメント
（関節を中心に、
回転させる力の作用）

 関節モーメントに1秒間にどのくらい角度が変化したのかを表す角速度を
かけたものが関節パワーだ。

関節パワーと
筋の収縮様式

筋の収縮様式には3種類ある

肘を曲げてダンベルを持ち上げる動作を考えてみてください。

ダンベルに生じる重力に逆らって、上腕二頭筋などの筋は縮みながら肘を曲げてダンベルを持ち上げる動作になっています。

では、ダンベルを静止させたりゆっくり上げたり下ろしたりするときの筋はどのような状態になっているでしょうか。

ダンベルを静止させるときは肘の角度を変えることなく力を発揮している状態、上げるときは肘の角度を小さくしながら力を発揮している状態、ゆっくり下ろすときは肘の角度を大きくしながら力を発揮している状態だといえます。

つまり、筋肉の活動には次の3つがあります。

①**求心性収縮**　筋の長さが短くなりながら力を発揮する活動。

②**等尺性収縮**　筋の長さが変わらないまま力を発揮する活動。

③**遠心性収縮**　筋が伸ばされながら力を発揮する活動。

等尺性収縮や遠心性収縮は見た目、筋が活動しているかどうかがわかりにくいのですが、立位姿勢を維持しているときは脊柱起立筋が等尺性収縮をしていたり、鉄棒のけんすい動作で身体を下げるとき、上腕二頭筋が遠心性収縮をすることで、ゆっくり下げることができたり、というように姿勢や動作のコントロールに非常に重要な役割を果たしているのです。

図7-1 3種類の筋の収縮様式

ダンベルを上げるとき

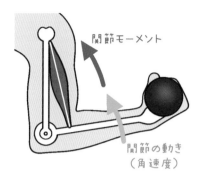

求心性収縮
発揮された関節モーメントと角速
度の方向が同じ
→筋は縮みながら力を発揮。

ダンベルを静止させるとき

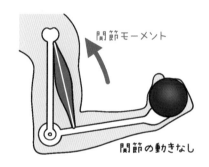

等尺性収縮
関節モーメントがはたらいている
が肘の角度が変わらない。
→筋は長さを維持しながら力を発揮。

ダンベルを下げるとき

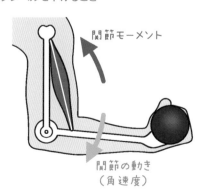

遠心性収縮
発揮された関節モーメントと角速
度の方向が逆
→筋は伸ばされながら力を発揮。

171

関節パワーには正負がある

関節を屈曲させたり、伸展筋を使って関節を伸展させているとき、関節モーメントの向きと角速度の向きは同じで、筋は求心性収縮をしています。

屈曲方向をプラスとした場合、求心性収縮をするとき、関節モーメントと角速度を乗じた関節パワーはプラスの値になるので、関節パワーはプラスであるといいます（**正の関節パワー**）。

遠心性収縮をするときは、関節モーメントの向きと角速度の向きが逆になり、関節モーメントと角速度を乗ずるとマイナスの値になるので、関節パワーはマイナスであるといいます（**負の関節パワー**）。

等尺性収縮の場合は関節が静止していて角速度が0なので、関節モーメントと角速度をかけると0になり、関節パワーも0になります。

関節パワーの正負を見れば、筋の収縮様式を判断することができるのです。

図7-2 筋の収縮様式と関節パワーの正負（屈曲方向をプラスとした場合）

上腕筋の筋の収縮様式	関節の動き（角速度）	関節モーメント	パワー
求心性収縮 関節モーメント 関節の動き（角速度）	屈曲（角速度はプラス）	屈曲モーメント（プラス）	プラス
等尺性収縮 関節モーメント 関節の動きなし	ゼロ	屈曲モーメント（プラス）	ゼロ
遠心性収縮 関節モーメント 関節の動き（角速度）	伸展（角速度はマイナス）	屈曲モーメント（プラス）	マイナス

PART 6

運動量と力積

質量60kg

質量84kg

keyword

運動量

力積

運動量保存の法則

① ② ③ ④ ⑤

床反力

運動量

運動する物体の勢いを表す

運動する物体の動きを表すのに、「勢いがある」などといいます。

運動の勢いを左右するのは、物体の質量とその速度であることは感覚的にもわかると思います。質量が大きいほど、速度が速いほど運動の勢いは大きくなるものです。

その勢いを物理量として表したのが運動量です。

運動量p[kg・m/s]は、質量m[kg]に速度v[m/s]をかけた量として表されます。

運動量p [kg・m/s] ＝ 質量m [kg] × 速度v [m/s]

AくんとBくんが走っているときの運動量を考えてみます。

質量60kgのAくんが、0m/s、5m/s、7m/sで走るとき、それぞれの運動量を計算すると、右図のように計算できます（図1-1）。

また、質量84kgのBくんが同じ速度で走るときの運動量と比較してみてください。同じ速度なら、質量が大きいほど運動量は大きいことがわかります。

図1-1 質量60kgのAくんと質量84kgのBくんの運動量

Aくん 質量60kg

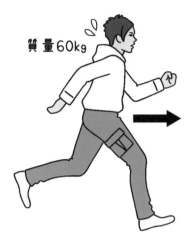

0m/sのときの
運動量 ＝ 60kg × 0m/s ＝ 0kg·m/s

5m/sのときの
運動量 ＝ 60kg × 5m/s ＝ 300kg·m/s

7m/sのときの
運動量 ＝ 60kg × 7m/s ＝ 420kg·m/s

Bくん 質量84kg

0m/sのときの
運動量 ＝ 84kg × 0m/s ＝ 0kg·m/s

5m/sのときの
運動量 ＝ 84kg × 5m/s ＝ 420kg·m/s

7m/sのときの
運動量 ＝ 84kg × 7m/s ＝ 588kg·m/s

Aくんが7m/sで走るときとBくんが5m/sで走るときは同じ運動量（勢い）を持っている。これは、ぶつかった相手に与える衝撃は同じになることを表している。

運動量と力積①

力の大きさと力を加えた時間をかけ合わせる

物体の運動状態（速度や向き）を変化させるには物体に力を加える必要があります。力が加わった物体は運動量も変化します。

運動量の変化の度合いは、物体に加える力が大きいほど、力を加えている時間が長いほど大きくなります。

物体に力F[N]が時間t[s]だけはたらいたとき、運動量の変化は加えた力Fと力を加えた時間tの積（かけた値）に等しくなります。

加えた力と時間の積のことを**力積**といいます。力積は運動量と同じくベクトル量です。

運動量pの物体に力F[N]を時間t[s]加えたら、物体の運動量がp'に変化したとすると、次の関係式が成り立ちます。

$$F \times t = p' - p$$

　　力積　　　　運動量の変化

力積の単位は[N・s]ですが、[N]は[kg・m/s²]なので、[N・s]は[kg・m/s²・s]、つまり[kg・m/s]となり、力積と運動量は同じ単位で表されることがわかります。

図2-1 ボールに与えた力積で作用した力の大きさを求める

速度100km/hのボール（質量0.15kg）をバットで打ち返したら、ボールは正反対の方向に120km/hで跳ね返った。ボールとバットの衝突時間は0.01秒だったとして、バットによってボールに与えた力の大きさを求めてみよう。

ボールがバットに当たる直前のボールの運動量p

$$p = 0.15\text{kg} \times 100\text{km/h}$$

$$= 0.15\text{kg} \times \frac{100 \times 1000\text{m}}{3600\text{s}}$$

$$= 4.2\text{kg·m/s}$$

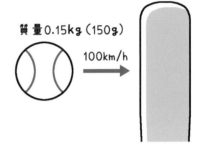

質量0.15kg（150g）

100km/h

ボールがバットに当たった直後のボールの運動量p'

$$p' = 0.15\text{kg} \times (-120\text{km/h}) = 0.15\text{kg} \times \frac{(-120 \times 1000\text{m})}{3600\text{s}}$$
$$= -5.0\text{kg·m/s}$$

ボールの進行方向が逆になるので負号をつける

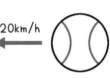

120km/h

バットが与えた力Fと加えた時間tの積である力積によってボールの運動量が変化したのだから、力積＝運動量の変化となる。

F×t＝−5.0kg·m/s−4.2kg·m/s＝−9.2kg·m/s
t=0.01sだから
$$F = \frac{-9.2\text{kg·m/s}}{0.01\text{s}} = -920\text{N}$$ ← マイナスはボールの進行方向とは逆に力を加えたことを意味する

バットが与えた力の大きさは平均的に920Nだと計算できる。

ジャンプ動作と力積

力積を用いると、身体が受ける衝撃などについて考えることができます。

体重60kgのAくんがその場でジャンプするときの力積を考えてみます。床反力計を使って、ジャンプ時の床反力を計測します（図2-2）。

体重よりも大きな力がかかったときの時間のことを**作用時間**といいます。

①はジャンプの踏み切りのためにしゃがみこんだ姿勢で静止。質量60kg分の床反力（約600N）が発生しています。

②〜④はジャンプの踏み切りの途中です。

床反力は体重による力と踏み切りによる力が加わったものです。徐々に床反力が増加することで踏み切りの大きな力が発揮されています。

④は足が離れた瞬間です。

床に足が接していませんから、床反力は0N。このとき、身体重心には上向きの速度が生まれています。

ジャンプ直後のAくんの身体重心の運動量pは、

p［kg·m/s］＝ Aくんの質量［kg］× ジャンプ直後の重心速度［m/s］

で計算することができます。これがジャンプでの力積と等しくなるわけです。

力積とは、「作用時間の間、物体にはたらいた力を集積させた量」のことで、グラフでいうとオレンジ色部分の面積が力積の大きさと等しくなります。

図2-2 体重60kgのAくんがジャンプしたときの力積

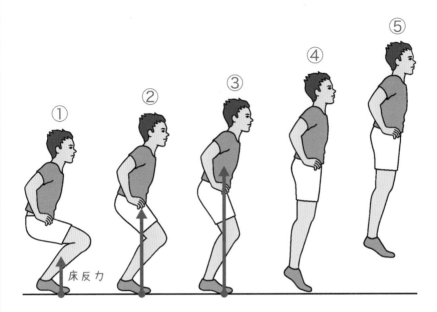

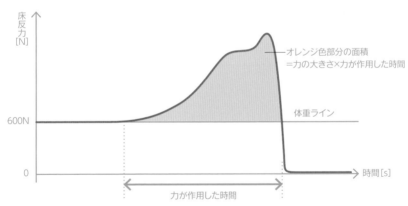

ジャンプ直後のAくんの運動量＝ジャンプのときの力積

Aくんの体重とジャンプ直後の重心速度、作用時間がわかれば、
Aくんが踏み切りで加えた力積を計算することができる。

運動量と力積②

着地直前の運動量と着地を停止させる力積は等しい

前項で、ジャンプの踏み切りによって与えられた力積が身体の運動量に変わることを解説しました。ここでは、台から静かに飛び降りる場合で説明します。

飛び降りた人が着地によって停止するとき、その運動量は変化します。運動量が変化するということは、その人に力積が与えられたということです。

着地直前の運動量は、その時の重心速度と質量の積になります。それと等しい力積を与えることで、物体は着地して停止します。
そのときの力積は次の式によって求められます。

着地に必要な力積 [N・s] ＝物体にはたらく力 [N] ×力の作用時間 [s]

着地の行程はごく短い時間で行われることが多く、短時間ではたらいた力積は物体にとっては衝撃となって伝わります。
しかし、上の式によると、力の作用時間を変えれば、物体にはたらく力の大きさが変わることがわかります。

図3-1 着地直前の運動量と停止に必要な力積

質量m[kg]のCくんが台からそのまま落下するように降りて着地するとき、
着地直前の運動量pと同じ力積を与えることでCくんは停止する。

飛び降り

着地直前の運動量p[kg·m/s]=m[kg]×v[m/s]
着地直前の速度v[m/s]は台の高さで決まってしまう。

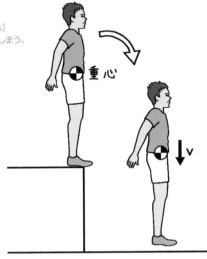

着地時

p'=着地直後の力×力の作用時間となる力積を与えることでCくんは停止する。
Cくんの質量m[kg]
着地直前の速度v[m/s]
着地後身体に生じる力F[N]
力の作用時間t[s]
とすると次の式が成り立つ。

$$\underset{\text{着地直前の運動量}}{\underline{m\text{[kg]}\times v\text{[m/s]}}} = \underset{\text{着地後の力積}}{\underline{F\text{[N]}\times t\text{[s]}}}$$

着地直前の速度は台の高さで決まってしま
う。そこで運動量は質量と台の高さで決まる。
つまり、上の式の左辺は決まった値である。
したがって、力の作用時間tを長くすれば、
着地後の力Fを小さくすることができる。
着地後に身体に生じる力は重力と床反力で、
重力は変わらないから、力Fを小さくでき
れば、床反力を小さくできる。

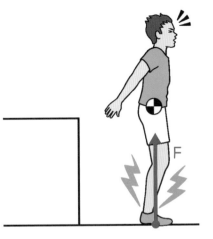

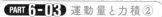

力の作用時間を変えるには

台から飛び降りて着地するときに、着地時の力の作用時間を変えるにはどうしたらいいでしょうか。

右図にあるように
①直立したまま膝を曲げないで着地
②膝を曲げて着地

床反力の波形を見ると、①は、着地と同時に大きな床反力が生じています。この床反力の大きさが身体が受ける衝撃の大きさを表しています。

②は、床反力の最大値が①よりも小さく、作用時間は長くなっています。
膝の屈曲を利用すると、接地してから床反力が体重と同じになるまでの行程が引き伸ばされて、床反力の作用時間が長くなり、その結果、受ける衝撃が小さくなります。衝撃が吸収される着地になっています。

衝撃吸収とは、「床反力の作用時間を長くすることで床反力を小さくすること」なのです。

なお、着地に必要な力積は①も②も同じですから、力積の大きさを表すグラフと時間で囲まれた面積も同じになります。

図3-2 床反力を小さくするには

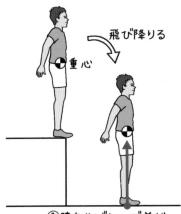

①膝を曲げないで着地

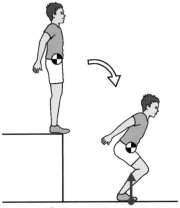

②膝を曲げて着地する

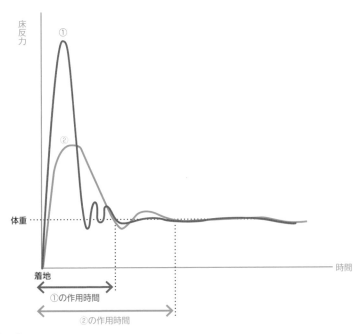

作用時間を長くすることで着地時の床反力が小さくなる、つまり、衝撃が吸収される着地になるというわけ。

運動量保存の法則

運動量の総量は一定に保たれる

右図は、運動している質量m_1の物体と質量m_2の物体が衝突し、その後速度が変わったことを表しています。

このとき「衝突する前の物体の運動量の和は、衝突した後の物体の運動量の和に等しい」、という物理の法則があります。
これを**運動量保存の法則**といいます。

ただし、運動量保存の法則は、作用・反作用の力のみがはたらく、という条件があります。つまり、外からほかの力がはたらいている場合はこの法則は成り立ちません。

なお、エネルギー保存の法則でも「保存」という言葉が出てきましたが、これは何らかの変化の前後で値が変わらない、ということを意味する言葉です。

図4-1 運動量が保存されるとは?

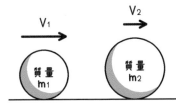

①質量m_1の物体が速度v_1で、質量m_2の物体が v_2で運動している。

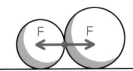

②衝突した瞬間。作用・反作用の法則によってお互い力Fの力をt秒間受けた。

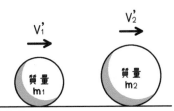

③衝突後、質量m_1の物体が速度$v_1{}'$で、質量m_2の物体が $v_2{}'$で運動するようになった。

運動量の変化量は与えられた力積に等しいから、次の式が導き出される。

$m_1 \times v_1{}' - m_1 \times v_1 = \ \ F \times t$ ← 質量m_1の衝突前後の運動量の変化と力積の関係

$m_2 \times v_2{}' - m_2 \times v_2 = - F \times t$ ← 質量m_2の衝突前後の運動量の変化と力積の関係

この2つの式を左辺同士、右辺同士を足し合わせると、

$(m_1 \times v_1{}' - m_1 \times v_1) + (m_2 \times v_2{}' - m_2 \times v_2) = 0$

$m_1 \times v_1{}' + m_2 \times v_2{}' - m_1 \times v_1 - m_2 \times v_2 = 0$

$m_1 \times v_1{}' + m_2 \times v_2{}' = m_1 \times v_1 + m_2 \times v_2$

衝突後の2つの運動量の和　　衝突前の2つの運動量の和

相撲の立ち合いで考えてみる

ラグビーのタックルや相撲の立ち合いなどで、どの程度の速度で体当たりをすれば相手に負けないか、運動量保存の法則から計算することができます。

右図のような相撲の立ち合いを考えてみます。
①は質量140kgの力士Aと質量100kgの力士Bが立ち合い後、衝突直前の様子です。力士Aの速度は4m/sです。
Aのほうが質量が大きいので、同じ速度で体当たりしたら、質量の小さい力士Bは後ろにはじかれてしまいます。力士Bが後ろにはじかれないためのぶつかり速度vを求めてみましょう。

運動量保存の法則から、次の式が成り立ちます。

$$\text{衝突直前の力士Aと力士B} \atop \text{の運動量の和} = \text{衝突後の力士Aと力士B} \atop \text{の運動量の和}$$

Bが負けないためには、衝突後にA、Bそれぞれの速度が0になればいいとわかります。つまり、衝突後の力士AとBの運動量の総和は0になりますから、右辺を0とすると、

$$140\text{kg} \times 4\text{m/s} + 100\text{kg} \times (-v\ [\text{m/s}]) = 0$$
$$v = \frac{140\text{kg} \times 4\text{m/s}}{100\text{kg}} = 1.4 \times 4\text{m/s} = 5.6\text{m/s}$$

力士Bは速度5.6m/sでぶつかれば、力士Aの突進を止めることができます。

図4-2 立ち合い直後の衝突で相手に負けないためには

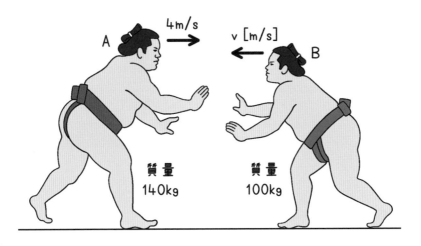

質量が小さい力士はぶつかる直前の速度を大きくすれば、質量の大きな力士に負けない運動量を獲得できる。

さくいん

スタッフ紹介
本文デザイン・組版●志岐デザイン事務所（小山巧）
イラスト●斉藤ヨーコ
編集協力●三輪高芳（バケット）
編集担当●斉藤正幸（ナツメ出版企画）

監修者

江原義弘(えはら よしひろ)

新潟医療福祉大学リハビリテーション学部義肢装具自立支援学科教授。1972年埼玉大学理工学部卒。1994年早稲田大学工学博士号取得。臨床歩行分析研究会副会長、バイオメカニズム学会会員、日本義肢装具学会評議員、ISPO日本支部フェロー、リハビリテーション医学会会員。主著『基礎バイオメカニクス』(共著)(医歯薬出版株式会社)、『介助にいかすバイオメカニクス』(共著、医学書院)ほか。

著者

勝平純司(かつひら じゅんじ)

東洋大学ライフデザイン学部人間環境デザイン学科教授。東京大学医学部附属病院22世紀医療センター運動器疼痛メディカルリサーチ&マネジメント講座特任研究員。国際医療福祉大学大学院博士後期課程修了。国際医療福祉大学 講師、新潟医療福祉大学 准教授を経て2020年4月より現職。主著『介助にいかすバイオメカニクス』『臨床にいかす表面筋電図』(以上、共著、医学書院)、『腰痛借金』(共著、辰巳出版)ほか。

山本敬三(やまもと けいぞう)

北翔大学生涯スポーツ学部スポーツ教育学科教授。2004年北海道大学大学院工学研究科システム情報工学専攻博士課程修了。臨床歩行分析研究会臨床歩行分析研究会誌編集委員。日本機械学会スポーツ工学・ヒューマンダイナミクス部門運営委員会。論文「スキージャンプ踏切中の姿勢変化が空力特性に及ぼす効果」にてJSB学会賞(日本バイオメカニクス協会)受賞。

本書に関するお問い合わせは、書名・発行日・該当ページを明記の上、下記のいずれかの方法にてお送りください。電話でのお問い合わせはお受けしておりません。
・ナツメ社webサイトの問い合わせフォーム
　https://www.natsume.co.jp/contact
・FAX(03-3291-1305)
・郵送(下記、ナツメ出版企画株式会社宛て)
なお、回答までに日にちをいただく場合があります。正誤のお問い合わせ以外の書籍内容に関する解説・個別の相談は行っておりません。あらかじめご了承ください。

ナツメ社Webサイト
https://www.natsume.co.jp
書籍の最新情報(正誤情報を含む)は
ナツメ社Webサイトをご覧ください。

姿勢と運動の力学がやさしくわかる本

2020年3月1日　初版発行
2024年5月1日　第4刷発行

監修者　江原義弘　(えはらよしひろ)　Ehara Yoshihiro,2020
著　者　勝平純司　(かつひらじゅんじ)　©Katsuhira Junji,2020
　　　　山本敬三　(やまもとけいぞう)　©Yamamoto Keizo,2020
発行者　田村正隆

発行所　株式会社ナツメ社
　　　　東京都千代田区神田神保町1-52ナツメ社ビル1F (〒101-0051)
　　　　電話　03 (3291) 1257 (代表)　FAX　03 (3291) 5761
　　　　振替　00130-1-58661
制　作　ナツメ出版企画株式会社
　　　　東京都千代田区神田神保町1-52ナツメ社ビル3F (〒101-0051)
　　　　電話　03 (3295) 3921 (代表)
印刷所　ラン印刷社

ISBN978-4-8163-6765-6　　　　　　　　　　　　　　Printed in Japan